KB161220

TIMES OF NORWAY

인용문 출처

Page. 16 《스포츠와 여가》, 제임스 설터 저, 김남주 역, 2015, 마음산책

Page. 60 《리스본행 야간열차》, 파스칼 메르시어 저, 전은경 역, 2014, 들녘

Page. 162 《속속들이 옛 그림 이야기》, 손철주 저, 2012, 자음과모음

Page. 168 《킨포크 Vol. 11》, 킨포크 저, 김효정 역, 2014, 디자인이음

Page. 192 《위대한 중서부의 부엌들》, J. 라이언 스트라돌 저, 이경아 역, 2018, 열린책들

Page. 234 《Coffee with Tim Wendelboe》, 팀 윈들보 저, 손상영 역, 2012, 기센코리아

Page. 284 《토스트》, 나이젤 슬레이터 저, 안진이 역, 2012, 디자인이음

Page. 302 《겨울 산책》, 헨리 데이비드 소로 저, 유정화 역, 2019, 반니

Page. 312 《유목민 호텔》, 세스 노터봄 저, 금경숙 역, 2019, 뮤진트리

TIMES OF NORWAY

피오르와 디자인, 노르딕 다이닝과 라이프스타일을 만나는 여행

노르웨이의 시간

신하늘 지음

FJORD

NORWEGIAN DESIGN

DINING

LIFESTYLE

A Winter Walk,
당신만의 고요

막연히 그리워하던 '설국'을 낯선 나라 노르웨이에서 만났다. 북부의 겨울 산야는 생각보다 훨씬 더 눈 속 깊이 파묻혀 있었다. 은빛으로 덮인 창백한 겨울 산, 파도처럼 깊게 출렁거리는 능선을 따라 좁아지는 산길부터는 차도 더 이상 움직일 수 없었다. 큰 배낭을 메고 구불구불한 숲 위로 발을 내디뎠다. 스노우슈즈 없이는 허리까지 차는 눈에 움푹움푹 파묻히기 일쑤였다. 예부터 눈이 많이 오는 산간 지역에서 신발 위에 덧대어 신고 다니던 '설피'라 불리던 것이 바로 스노우슈즈이다. 밑면이 넓은 타원형의 면적 위에 등산화를 고정시킬 수 있게 버클 밴드가 있고, 아래에는 마찰력을 높이기 위해 톱니가 뾰족뾰족 솟아 있다. 각도 조절이 가능하도록 뒤꿈치가 열려 있어 큰 제약 없이 오르막길로 움직일 수 있었다.

푸르스름한 공기 속에서 뜨거운 입김이 연신 퍼졌다. 빽빽한 전나무와 자작나무의 숲 사이에서 오직 나의 뒤뚱거리는 움직임만이 소음을 만드는 듯했다. 모든 게 멈춰있는 듯 하얗게 스며든 고요한 세상을 만나는 것은 노르웨이를 경험하는 가장 근사한 방법인 것 같다. 소리 없이 내리는 눈은 꽃잎처럼 볼 위로 쏟아졌다. 지금까지 살면서 보았던 눈과는 마치 다른 종류의 것처럼 느껴진다. 이 은밀한 겨울의 정적이 좋다.

신발의 버클을 느슨하게 묶었던 탓인지 내내 어색했던 스노우슈즈는 기어이 풀렸고, 손에 쥐고 있던 가방의 무게를 따라 맥없이 넘어졌다. 쓸리는 눈의 촉감이 마치 솜처럼 편안하게 느껴져 그냥 그대로 털썩 몸을 눕혔다. 친구는 어서 일어나라고 재촉했지만, 아랑곳하지 않고 한동안 하늘 위에 흩어진 나무를 올려다보았다. 그까짓 옷 젖는 게 뭐 그리 대수라고. 이전에는 가랑비에도 호들갑을 떨던 나였다. 마치 차가운 물 위에 떠 있는 듯 차분한 선율이 머릿속에 흐른다. 문득 삶에서 더 바랄 게 없다고 생각했다. 공기를 깊게 들이마시며 찰나의 깊고 푸른 아름다운 순간을 눈과 마음에 눌러 담는다.

오후 4시가 넘어가자 해 그림자가 짙어지기 시작한다. 석양빛이 산을 황홀하게 감싸는 순간 친구는 성큼성큼 나를 데리고 산 정상으로 올라갔다. 노르웨이의 깊은 산자락에서 우리는 결혼을 약속했고, 그렇게 내 삶은 노르웨이에서의 시간 위로 포개졌다.

첫 시작만큼 우련한 것이 있을까. 이곳에서 나는 익숙한 것들을 내려놓고 모든 것에 처음이 되었다. 부족한 이해는 노르웨이가 모국인 그의 언어를 빌렸다. 두 개의 서로 다른 언어와 문화가 섞이고 닮아가는 과정을 거치며 만난 촘촘한 시선의 겹이 어느 누군가에게 노르웨이로 통하는 길이 될 수 있길 바라며.

PROLOGUE

TIMES OF FJORD
피오르의 시간

HARDANGERFJORD
하르당에르 피오르

GEIRANGERFJORD
게이랑에르 피오르

SOGNEFJORD
송네 피오르

BERGEN
베르겐

NORWEGIAN DESIGN

노르웨이 디자인

NORWEGIAN TABLE

노르딕 테이블

NORWEGIAN LIFE

노르웨이 라이프스타일

TIMES OF FJORD

피오르의 시간

HARDANGERFJORD
GEIRANGERFJORD
SOGNEFJORD
BERGEN

피오르의 시간

일 년 중 한 달쯤은 모두가 충분한 휴가를 보내는 노르웨이의 7월은 마치 도심이 텅 빈 듯

한산했다. 나도 그 들썩임을 따라 일탈과 자유를 만끽하기 위해 다른 나라를 기웃거려 보았지만

아이러니하게도 북유럽에서 떠나온 도시들은 한여름을 보내기엔 너무나 뜨겁고 열정적이었다.

더위에 취약한 나는 끓는 폭염과 여름의 열기에 쉽게 고단해졌다. 불편하지만 근사한 신발을

신고, 발이 아프다고 불평하면서도 관광 명소와 맛집을 돌아다니며 남긴 사진들만이 절뚝거린

시간들을 증명하고 있을 뿐이었다.

이전과는 다른 여행을 해보고 싶다는 욕구가 강해진 2015년 여름, 노르웨이에서의 첫 피오르

여행을 떠났다. 피오르 여행에는 타인의 시선을 의식하는 불편함이 없다. 모두가 온전히 자신만의

시간에 집중하고 있을 뿐이다. 강박과 의무감에서 해방된 여행은 통상적인 감각을 자꾸만 비켜

나갔다. 그때부터 발음조차 하기 어려운 지명들을 우물거리며, 매해 여름 노르웨이 피오르 곳곳을

누비고 다녔다. 그저 자연을 훑고 지나가는 여행이 아니라, 잊고 있었던 새로운 감각이나 영감을

얻게 되는, 스스로 자연스러운 것들의 '일부'가 되는 여행이었다.

이 장에서는 피오르를 여행하는 가장 특별한 방법들을 소개하고자 한다. 현지인들처럼 느릿한

일상을 보낼 수 있는 하르당에르 피오르, 노르웨이 건축 디자인의 정수를 만날 수 있는 게이랑에르

피오르, 연중 투어가 가능하면서 빙하 트레킹을 즐길 수 있는 송네 피오르와 피오르 여행의

관문이자 예술의 도시 베르겐을 소개한다.

HARDANGER FJORD

하르당에르 피오르

노르웨이 피오르의 광막한 자연경관을 둘러보는 것도 좋지만, 한 장소에서 충분한

시간을 보내며 자연과 더불어 살고 있는 현지인들의 생활 감각을 구체적으로 느껴

보는 여행을 경험해보기를 추천한다. 소박함과 단순함을 사랑하는 노르웨이 사람

들의 일상에서 우리가 알지 못했던 삶의 다양한 층위를 만날 수 있다.

노르웨이식 소박한 삶을
체험해볼 수 있는 곳,
하르당에르 피오르 롯지

"우리가 한 나라를 제대로 볼 수 있는 것은
이런 작은 마을, 평범한 낮과 밤에서 얻은 그런 앎 속에서다."

제임스 설터, 《스포츠와 여가》

하르당에르 피오르 자락, 폴게포나 국립공원의 언덕바지에는 작은 마을 순달Sundal이 있다. 장엄한 위용을 자랑하는 다른 피오르에 비해 하르당에르 피오르의 소박하고 목가적인 정취가 이방인들의 눈길에는 그저 밋밋하게 비쳤을까? 하르당에르 피오르를 방문하는 관광객들은 대부분 3대 트레킹으로 유명한 트롤퉁가Trolltunga로 가기 위해 이곳을 거쳐 가는 사람들이거나, 피오르의 진가를 알고 있는 노르웨이인들이다. 그들은 나에게 하르당에르 피오르를 '사과꽃과 살구꽃이 만개하는 곳'이라 알려주었다. 피오르 안쪽의 호젓하고 고즈넉한 곳에 위치한 순달 마을은 찾는 이들이 많지 않아 순수한 자연과 대면할 수 있는 곳이라는 이야기도 함께 말이다.

빙하가 녹아서 만들어진 물이 사나운 기세로 쏟아져 내리는 로테 폭포Låtefoss와 오다Odda마을의 어둡고 긴 터널을 지나자, 순달의 전경이 한눈에 들어왔다. 그 길에서 우리는 매끈하고 푸른 피오르의 단정함이 깃든 하얀 집을 찾았다. 이것이 '하르당에르 피오르 롯지Hardanger Fjord Lodge'와의 정다운 첫 만남이다.

노르웨이의 해안선은 긴 피오르를 이루며 내륙 깊이 들어와 있는데, 해안가에 지어진 순달 호텔은 1889년부터 여러 지역을 오가느라 숙소가 필요한 이들에게 숙박을 제공해왔다. 최근에는 젊은 부부 해럴드와 캐롤리나가 호텔을 인수하여 '하르당에르 피오르 롯지'라는 소박한 이름을 새롭게 내걸었다. 이곳에 머무는 동안 현지인들과 비슷한 속도로 일상을 보내며, 노르웨이의 자연과 라이프스타일을 충분히 경험할 수 있으니 숙박 그 이상의 의미와 가치가 있는 곳이다.

입구에 들어서니 요란스러운 환영 인사 대신, 경계심이라곤 전혀 없는 말간 눈망울을 가진 검은색 큰 개가 꼬리를 흔들며 살갑게 반긴다. 처음 노르웨이에 와서 가장 흔하게 만난 풍경은 동물과 사람이 함께 어울려 지내는 모습이었다. 크고 작은 개들은 사회화 훈련이 잘되어 있어 함부로 짖는 법이 없었다. 분위기로 느껴지는 동물의 온순함은 이 개가 나를 공격하지 않을 것이라는 확신이 들게 한다. 이러한 배경에는 오랫동안 동물들의 행복추구권을 보장하며, 반려견이 마음껏 뛰어놀 수 있는 환경을 조성한 이 나라의 문화와 정책이 있다. 노르웨이에서는 개들이 자신의 활동량에 맞는 산책을 법으로 보장받는다. 만약 동물이 집에만 갇혀 있거나 반려인이 산책을 소홀히 하면 이웃 주민들에게 신고를 당해 벌금 또는 징역을 선고받게 된다.

작고 귀여운 로비에 들어서자 시간의 향기가 곳곳에 배어 있는 빈티지한 세간들이 고운 표정으로 인사를 건넨다. 그 은근하고 깊은 분위기에 어딘가 편안함이 느껴지며 몸이 느긋하게 풀렸다. 이곳은 오래 시선을 둘수록 발견하는 것들이 많았다. 해럴드와 캐롤리나는 백 년이 넘는 세월이 스민 건물의 원형을 그대로 둔 채 원래의 평면 구조를 거의 바꾸지 않았다. 이들은 건물을 직접 수리하면서 집의 역사 위에 자신들의 새로운 시간을 차곡차곡 쌓아 나가기 시작했다. 언뜻 보면 색을 칠하다 만 듯한 무심한 벽을 자세히 들여다보니 오래된 패턴을 그대로 노출시키기 위해 고치고 매만진 흔적이 엿보였다. "보수를 하면서 벽을 뜯어내자 오래된 벽의 일부에서 19세기에 새겨놓은 잔잔한 무늬가 생생하게 드러났어요. 마치 비밀 격실로 통하는 문을 만난 듯 너무나 기뻤죠." 해럴드가 웃으며 설명해주었다. 그래서 1층 공간은 새로 페인트를 칠하지 않고 시간의 퍼즐 조각을 맞춰 가듯 최소한의 개입을 통해 장소의 기억을 보존하고자 했다고 한다.

이곳은 객실도 방마다 조금씩 디자인이 다르다. 11개의 각기 다른 방은 모두 산뜻한 컬러로 차분하게 정돈된 모습이었고, 새하얀 이불은 보는 것만으로도 마음이 서걱거렸다. 방에 잠시 누워 가만히 낮은 천장을 바라보고 있으니, 공간의 틈새에서 흘러나오는 오래된 이야기들이 괜스레 궁금해진다.

밤이 깊어지고 곧 저녁 식사가 시작되었다. 이곳의 간소한 다이닝룸은 나무 테이블의 상냥한 감촉 위에 놓인 촛대와 양초의 불빛, 가지런히 놓인 리넨과 접시까지 작위적이지 않은 세련됨이 풍성했다. 롯지의 저녁 메뉴는 매일 바뀌는데, 메뉴는 달라도 지역 특산물과 유기농 재료로 다양하고 먹음직스러운 요리를 제공하는 것이 원칙이다. "채식주의자는 아니지만, 육류는 최대한 줄이고 생선과 채소를 이용한 음식들을 많이 내는 편입니다. 재료의 맛이 그대로 느껴지는 요리는 제대로 된 식재료를 사용해야 해요." 노르웨이에서는 채식 위주의 식단을 선호하는 사람들이 많지만, 채식주의자 선언으로 육류를 부정하거나 자신의 철학을 타인에게 고집하는 것을 조심스러워한다. 음식은 만드는 사람을 닮는다고 했던가. '무엇을 먹을까'에 앞서 음식에 대한 본질을 생각하는 부부의 설명에 기분 좋은 식사를 시작한다.

이 지역에 오면 식사와 함께 가볍고 달콤한 과실주인 사이더Cider를 마셔보기를 추천한다. 하르당에르 피오르는 크고 작은 구릉들을 따라 과수원 지대가 발달하여 노르웨이 과일 생산의 40퍼센트를 차지하는 사과나무들로 가득하다. 서늘한 기후 덕분에 열매의 성장기가 길어 단맛과 산미가 어우러진 사과를 농가에서 직접 착즙해 8월 하순부터 1년간에 거쳐 발효시킨 후 과실주를 만든다. 사이더를 한 모금 마시자 차가운 사과를 한입 베어 문 듯한 산뜻한 청량감이 입맛을 돋운다. 어느새 계절감이 살아 있는 음식으로 식탁이 하나씩 채워지고, 이를 천천히 음미하는 기쁨을 누린다. 마음이 고단해질 때면 이 달큰한 맛과 여름의 공기가 종종 그리워질 것 같다.

사우나와 정원이 있는
노르웨이식 아침

　　이른 아침, 잠에서 깨어나 보니 단단하고 자욱한 고요가 흐른다. 밤새 태풍이 왔다 간 듯했다. 노르웨이의 산간 지방과 해안 도시의 날씨는 늘 요란스럽다. 세찬 바람에 비를 흩뿌리다가도 금세 햇살이 비치는 등 잦은 변덕 탓에 통상 하루는 비를 맞기 마련이지만, 피오르의 흐린 날은 황홀하게 몽환적이니 걱정거리가 되지 않는다.

　　사방이 빗물에 차분히 잠겨 들었다. 바다 안개가 짙어지는 아침 공기를 헤치고, 피오르를 마주하고 있는 작은 사우나로 향했다. 노르웨이의 사우나는 보통 남녀 공용으로 수영복을 입고 즐기는데, 대부분 바닷가 뭍에 지어져 있어 사람들은 몸을 뜨겁게 달구고 바다로 뛰어들어 열기를 식히기를 반복한다. 은은하게 스며 나오는 사우나의 열기와 바다가 전하는 고요함이 만나는 순간, 자연이라는 완벽한 존재와 불완전한 내가 조용히 합을 이룬다. 아, 최고의 휴식이다.

　　한두 시간을 사우나에서 더 보낸 후에야 천천히 아침 식사를 하러 다시 호텔로 들어갔다. 도시를 벗어난 여행에서는 적당한 식당을 찾기 어렵기에 웬만해서 아침을 거르지 않는 게 좋다. 다행히도 피오르에 위치한 대부분의 호텔에서는 아침 식사와 저녁 식사를 함께 해결할 수 있다.

　　캐롤리나는 아침마다 손님들을 위한 식사를 직접 준비한다. 직접 만든 담백한 빵과 좋은 원두로 내린 커피. 빵은 매일 그 맛과 향이 조금씩 달라지지만 모두 진심이 담긴 맛이다. 담백한 시리얼과 계절 과일, 삶은 달걀까지 모든 것이 적당하고, 기대에 어긋나지 않았다. 영롱한 무채색의 테이블웨어는 이 지역의 스튜디오에서 작업하는 젊은 도예가들이 만든 노르웨이 브랜드로 채워 넣었다고 했다. 소소해 보이지만 섬세하고, 단순해 보이지만 정직한 것들. 이 모든 게 함께 어우러질 때 귀한 대접을 받은 느낌이 든다. 따뜻한 마음이 담긴 든든한 아침 식사였다.

　식사를 마치고, 정원에 잠시 앉아 숨을 골랐다. 마당에는 부부가 직접 가꾼 텃밭과 정원이 있다. 열매가 맺혀 통통하고 붉게 물들어 있는 키 작은 나무들의 모습이 그저 사랑스럽다. 소소한 기쁨이 이처럼 느껴지는 건 내 마음이 넉넉해졌다는 증거일 테다. 한쪽에는 살뜰하게 가꾼 잎채소와 허브들이 소복이 모여 있고, 사방이 싱그러운 풀로 가득했다. 이곳의 사람들은 평범한 순간에도 아름다움에 대한 감각을 활짝 열어두고, 안에서부터 정성과 애정으로 삶의 품격을 가꿔나가고 있었다. "삶의 진정한 알맹이는 필요를 확장하는 것이 아니라 그것을 신중하고 자발적으로 포기하는 데 달려 있다."라던 간디의 격언이 떠오른다. 어떤 과장이나 왜곡 없이 자신이 지닌 일상의 고귀함을 온전히 누리는 것, 오래 머물며 천천히 들여다보고 싶은 삶이다.

하르당에르 피오르 롯지 Hardanger Fjord Lodge

www.hardangerfjordlodge.com

어느 날 우연히 본 사진 속에 손에 닿는 물길마다 마치 푸른 물이 들 것 같은 호수가 있었다. 그리고 그 위에 살포시 떠 있는 노란 보트. 어떤 이는 다이빙을 즐기고, 어떤 이는 풍경을 한없이 바라보고 있다. 폴게포나 국립공원 Folgefonna nasjonalpark 안에 있는 본드후스바넷Bondhusvatnet 빙하 호수의 풍경이었다. 그 한 장의 사진을 보고 온 마음이 동요했고 떠나온 여정이었다. 일상과 여행을 넘나드는 건 생각보다 단순한 일이었다. 하루키의 말처럼 과도한 계획이나 지나친 의욕 같은 것은 배제하고, '다소 비일상적인 일상'으로 여행을 즐기기로 결심한다면 말이다.

순달 마을은 폴게포나 국립공원으로 향하는 가늘고 작은 길과 이어져 있다. 폴게포나 국립공원은 난이도와 길이에 따라 적절한 수준의 코스를 선택할 수 있어 본드후스바넷 호수까지 가는 것을 목적지로 잡았다. 왕복 2~3시간이 소요되는 이 코스는 다소 평평한 지대가 많아 느긋하게 주변의 아름다움을 즐기며 갈 수 있다. 가벼운 산행이라 부담이 적으니 마음도 이미 저만치 앞질러 간다.

공원 입구에서 멀어질수록 예상치 못한 풍경이 하나씩 눈앞에 나타났다. 산책하듯 걷는 발걸음 사이 어디를 둘러보아도 똑같은 경치가 하나도 없다. 비교적 관광객이 적은 이곳에서는 사람보다 양을 더 자주 만났다. 길을 걷다 양 무리와 마주치게 되면, 겸연쩍게 웃으며 양들에게 조용히 길을 먼저 내주었다. 한적한 길 위에서 '자연과의 공존과 겸손'이라는, 평범한 진리를 다시금 깨우친다.

조붓한 산길을 걷고 걸어 호수에 다다를 때쯤, 땀방울이 송골송골 맺히기 시작했다. 산봉우리 서너 개가 들어선 부드러운 산 능선에는, 저 멀리 바다인지 호수인지 분간이 어려운 푸르름이 넘실대고 있었다. 이윽고 탁 트인 시야와 푸른 빙하가 한눈에 들어온다. 바위 틈서리에 걸터 누워 숨을 천천히 내뱉자 몸과 마음이 편안하게 노곤해진다. 발아래로 속이 훤히 비치는 연초록빛 물결이 우아하게 흔들렸다. 그 조용한 여백 사이에서 우리는 서로의 편안한 눈빛을 마주한다. 이로써 충분하다.

폴게포나 국립공원 Folgefonna nasjonalpark

https://folgefonna.info

노르웨이 3대 트레킹

예전에는 피오르 여행이 주로 크루즈를 타고 눈앞에 마주치는 절경을 유람하는 것이었다면, 최근에는 고원의 경로를 따라 트레킹을 하고 피오르 위에서 전망을 즐기는 방식이 인기를 끌고 있다. 시간이 허락한다면 사전 준비를 충실히 한 다음 두 발로 느끼는 피오르 여행을 떠나도 좋다. 뤼세 피오르를 마주한 프레이케스톨렌과 쉐락볼튼 트레킹은 스타방에르Stavanger 도시에서 여정이 시작된다. 스타방에르 공항을 통해 수월하게 도시 간 이동도 가능하다.

프레이케스톨렌 트레킹 난이도 ∧∧∧ / 시간 4시간(왕복) / 거리 8km(왕복) / 최고 높이 604m

세계에서 가장 멋진 전망 포인트로 뽑혔을 만큼 최고의 자연 풍광을 선사하는 프레이케스톨렌Preikestolen은 노르웨이 3대 트레킹 코스 중 가장 완만한 코스로 접근성이 수월한 편이다. 초반부만 잘 버티면 비교적 쉬운 코스라 늘 사람들로 북적이는데, 특히 어린아이들이나 반려견을 데리고 수시로 산을 오르는 현지인들을 많이 만날 수 있다.

프레이케스톨렌에서는 전문가의 리드가 없더라도 산행 코스로 인도하는 표지석인 붉은 T 마크만 잘 따라다니면 길을 잃을 염려는 없으므로 안심하고 트레킹에만 집중하자. 코스의 3단계 중 중간 후반의 가파른 난코스만 잘 지나면 문제없이 정상까지 오를 수 있다. 간식과 물, 중간에 먹을 점심 도시락도 배낭에 잘 챙겨 넣자. 신발은 등산화가 제일 좋겠지만 여의치 않다면 바닥이 미끄럽지 않은 운동화는 필수이다.

정상에 도착하면 마침내 뤼세 피오르의 상징인 프레이케스톨렌을 만날 수 있다. 640m 높이의 절벽으로 사람이 깎은 듯 평평한 지형이 마치 설교단 같이 보인다고 해서 '펄핏 록Pulpit Rock'으로 불린다.

쉐락볼튼 트레킹 난이도 ∧∧∧∧ / 시간 6~8시간(왕복) / 거리 11km(왕복) / 최고 높이 1,084m

쉐락볼튼Kjeragbolten은 '산Kjerag에 위치한 바위bolten'라는 뜻을 가진 지명으로, 신이 내던진 바위가 땅에 박히지 못하고 좁은 틈에 박혔다는 재미있는 전설이 있는 곳이다. 수직 절벽의 갈라진 틈에 전설 속 둥근 바위가 자리 잡고 있다. 프레이케스톨렌과 함께 뤼세피오르를 대표하는 트레킹 루트이며, 관광객이 적고 난이도가 높은 등산을 원한다면 도전해볼 만하다. 프레이케스톨렌보다 훨씬 오름이 많고 온통 바위로 이루어진 산길이므로, 안전을 위해 반드시 지정된 트레킹 루트를 따라 올라가야 한다. 가파르고 미끄러운 언덕으로 이루어져 중간중간 붙잡고 올라갈 수 있는 쇠사슬이 설치되어 있으니 장갑을 챙기는 것이 좋다. 따뜻한 옷과 물, 음식도 챙겨야 하고, 등산화는 필수다.

6~7월은 백야 시즌으로 등산에 전혀 무리가 없지만, 해가 짧은 계절에는 출발 시간을 부지런히 앞당기는 것이 안전하다.

트롤퉁가 트레킹 난이도 ∧∧∧∧∧ / 시간 10~12시간(왕복) / 거리 28km(왕복) / 최고 높이 1,183m

해발 1,000m 높이의 정상에서 하르당에르 피오르를 향해 혀처럼 뻗은 바위 모양이라 '트롤퉁가Trolltunga(트롤의 혀)'라고 불린다. 노르웨이 3대 트레킹 중 최고 난이도로 가장 길고 힘든 코스이다. 유명한 '혀'까지 올라가는 것은 전문가 레벨 수준으로 왕복 등반 시간이 10~12시간에 달한다. 강한 바람과 폭우 또는 안개가 낀 날씨에는 등반을 반드시 피해야 하고, 등산 시간과 지역 이동 시간을 고려해 트롤퉁가 주변 지역에서 최소 1박 이상 체류를 추천한다.

트롤퉁가 트레킹 코스는 절대 만만히 볼 수준이 아니다. 첫 번째 구간부터 만만치 않은 난이도이므로 초반부터 체력 안배가 상당히 중요하다. 7월 중순까지도 눈이 쌓여 있을 수 있으니 눈길에 꼭 대비해야 한다. 아이젠이 있으면 좋고, 고어텍스 등산화는 필수이다.

GEIRANGERFJORD

게이랑에르 피오르

노르웨이 피오르 중에서도 가장 수려한 경관을 자랑하는 게이랑에르 피오르는 노르웨이 건축 디자인의 가치와 철학이 응집된 곳이기도 하다. 피오르 여행을 하다 보면 긴 이동 시간과 반복되는 풍경으로 인해 처음에 느꼈던 경이로운 감정이 무뎌지게 되는 순간이 있다. 그때 마주하는 이곳의 건축물은 피오르의 이미지를 시각적 감흥에만 머무르지 않고 빛과 소리, 풍경의 언어로 인식하게 만든다.

노르웨이의 건축물은 자연을 압도하려거나 통제하려는 욕심을 좇지 않는다. 험한 지형으로 접근하기 어려웠던 장소에 건축적 장치들을 더해, 그곳에 가는 사람이 자연에 대한 경험을 더 높은 차원으로 누리도록 할 뿐이다. 이번 게이랑에르 피오르 여행은 '건축과 디자인'이라는 키워드로 떠나보기로 한다.

광활한 자연 속 신비로운 하루,   TIMES OF FJORD

구드브란드유벳과

유벳 랜드스케이프 호텔

　내가 처음으로 그 비밀스러운 공간을 만난 건, 아카데미 시각효과상 수상 영화 〈엑스 마키나〉에서였다. 영화는 프로그래머 칼렙이 인공 지능 분야의 천재 과학자 네이든의 비밀스러운 실험을 위해 그의 별장 겸 연구실로 초청되는 장면부터 시작된다. 영화 제작팀은 이 영화에 등장하는 주요 배경 장소를 찾기 위해 알프스 및 유럽 전역을 물색했다고 하는데, 최종적으로 노르웨이에서 가장 적합한 공간을 발견했다. 가파른 협곡과 깎아지른 듯한 절벽, 청록빛 호수와 거대한 피오르 속에서 오로지 점과 선으로만 이루어진 듯 정제된 간결함이 돋보인 유벳 랜드스케이프 호텔Juvet Landscape Hotel의 건축물은 그들이 원했던 이미지의 모든 풍경을 지니고 있었다. 마치 주인공이 낯선 행성에 불시착한 것 같다고 생각했던 그 공간이, 사실은 실재하는 곳이라는 사실만으로도 나는 마치 보물을 손에 쥔 듯한 기분이 들었다. 광활한 자연 속에 고립된 나를 상상하며 영화 속 유벳 호텔을 찾아 떠나는 여행이 시작되었다.

　영화 속에서 유벳 호텔의 배경은 알래스카로 소개되었지만, 실제로는 노르웨이 북서부의 발달Valldal에 위치하고 있다. 노르웨이 지명 중에서 유벳juvet은 협곡을 뜻하는데 이름에서도 짐작할 수 있듯이 이 호텔이 위치한 곳은 협곡을 품은 아름다운 작은 마을이다. 골든 루트*의 트롤스티겐 근처에 자리하고 있기 때문에 찾아가는 길은 쉽지 않지만, 대신 노르웨이 자연의 진면목을 만날 수 있으니 그 수고로움을 완벽히 보상받고도 남는다.

　노르웨이는 1900년대 중반부터 국립관광도로*를 따라 전망대, 호텔, 휴게소 등을 설계하여 자연과 어울리는 건축 디자인을 조성하는 프로젝트를 진행하고 있다. 노르웨이 정부는 저명한 건축가들의 참여뿐 아니라 잠재력 있는 신인 건축가들의 발굴과 양성에도 매우 적극적이었는데, 그중 건축가 얀 울라브 옌슨Jan Olav Jensen과 보레 스코드빈Borre Skodvin은 이 프로젝트를 통해 세간의 이목을 끌었고, 이들의 작품이 바로 구드브란드유벳 전망대와 유벳 랜드스케이프 호텔이다.

골든 루트 Golden route

온달스네스(Åndalsnes)에서 출발해 아름다운 경관을 가진 관광도로 트롤스티겐(Trollstigen)을 지나 게이랑에르 피오르까지 이어지는 63번 국도 구간이다. 산세가 크고 험한 데다 게이랑에르 피오르의 웅장함이 어우러져 '골든 루트'라 불릴 정도로 게이랑에르피오르 여행의 백미로 꼽힌다.

노르웨이 국립관광도로

노르웨이에서 최고의 자연경관으로 꼽히는 18곳을 따라 개발된 국립관광도로 드라이빙 코스이다. 일부 산악 구간은 한여름만 통행이 가능하므로 사전 체크는 필수이다.
www.nasjonaleturistveger.no

구드브란드유벳에는 거침없이 쏟아지는 협곡과 폭포 위로 구불구불하게 디자인된 흥미로운 산책로가 조성되어 있다. 언뜻 보면 그다지 눈에 띄지 않는 디자인이지만 어느 한 요소가 앞서서 자연을 압도하지 않는 노르웨이 건축의 검소한 색채가 여실히 느껴진다. 가까이 다가가자 2.5cm 두께로 가공된 무거운 철강 소재가 마치 나뭇가지처럼 가벼운 형태로 얼기설기 엮여 있었다. 이 건축물은 2009년에 유럽연합EU에서 우수한 현대 건축 작품에 수여하는 '미스 반 데어 로에 어워드Mies van der Rohe Award'를 수상했다.

노르웨이에서 가장 낭만적인 카페, 구드브란드유벳 카페

산책로는 강 가장자리에 위치한 카페 건물로 이어진다. 커다란 유리창
으로 햇살이 쏟아져 내리고, 모퉁이마다 색다른 분위기의 공간이 펼쳐
지는 이곳은 깔끔한 커피와 어울리는 달콤한 디저트로 긴 여정의 피로
를 풀기에도 좋다.

노르웨이 여름의 맛, 발달 딸기

춥고 서늘한 기후로 인해 노르웨이산 딸기는 봄철이 아닌 7~8월 여름 시즌에만 짧게 판매되는데, 낮은 온도에서 천천히 익는 만큼 높은 당도로 세계 최고의 딸기 맛을 자부한다. 특히 발달 지역은 딸기 재배가 가장 많이 이루어지는 곳이라 농장마다 'Norsk jordbær' 팻말을 하나씩 내걸고 딸기 판매를 하고 있으므로 잘 익은 딸기 몇 바구니를 구입해보자. 빨갛게 익은 딸기의 모습에 매료되어 참지 못하고 한입 베어 물게 되는데, 입안 가득 새콤달콤하게 터지는 맛이 일품이다.

구드브란드유벳 전망대는 교각 없이 절벽에 긴 말뚝을 가로로 박은 뒤, 그 위로 한쪽 끝을 고정하고 다른 쪽 끝은 받쳐지지 않은 상태로 허공에 떠 있게 한 이른바 '켄틸레버 방식'으로 시공해 전체 전경에 대한 조망성을 극대화했다. 특히 협곡의 암벽이 가파른 지형의 특성을 고려해 다리의 난간이 크게 곡선을 이루며 기하학적 형태로 설계되어 있는데, 이는 관광객들이 안전하게 몸을 기울여 협곡의 경관을 완벽하게 즐길 수 있도록 한 건축가의 배려이다. 눈앞으로 펼쳐지는 깊고 시원한 풍경을 번번이 넋을 놓고 바라보느라 걸음이 자꾸 느려진다. 때마침 둥그런 무지개가 폭포 위에 떠올랐다. 이번 여행은 어쩐지 느낌이 좋다.

유벳 카페에서 한껏 여유를 즐기다가 호텔로 발걸음을 옮겼다. 자연 보호 구역으로 지정된 거대한 산줄기를 따라 길고 넓게 이어지는 들녘과 계곡 안에 숨은 듯이 자리하고 있는 유벳 호텔은 원시림을 훼손하지 않고 최대한 지형에 맞추어 설계하여 독특하게도 외부에서는 건물이 잘 보이지 않는다.

바닥이 고르지 않은 울퉁불퉁한 자갈길을 걸어서 드디어 객실 앞에 도착했다. 호텔은 하나의 큰 건물에 객실 여러 개가 함께 있는 형식이 아닌, 아홉 개의 독립적인 건물로 분리되어 있었다. 각각이 위치한 지리적 특성을 기반으로 하여 주변의 풍경을 최적의 모습으로 느낄 수 있도록 디자인된 독특한 형태의 건물들은 주변 숲과의 조화를 위해 모든 외벽과 지붕이 동일한 목재로, 어떠한 장식도 없이 차분하게 절제된 모습이다. 객실 주변으로는 자작나무와 소나무, 자연 그대로의 모습인 바위들이 사방을 빼곡하게 둘러싸고 있었다. 인간의 손을 거친 세련되고 현대적인 디자인과 이를 둘러싼 자연의 요소들이 절묘하게 어우러진다.

　　호텔은 건물을 짓기 위해 자연의 영역을 함부로 침범하거나 훼손하려 들지 않고, 본래의 모습을 그대로 보존한 채 필요한 시설만을 사이사이에 얹어 구획하는 방식을 택했다. 내부 공간 역시 원목과 차분한 색상의 가구들로 정돈되어 안정감을 준다. 필요한 공간을 최소한으로, 기능적으로 배치한 덕에 모든 것이 군더더기 없이 깔끔하다. 특히 실내조명을 의도적으로 절제한 점이 눈에 띄었는데, 여러 개의 조명을 배치해 빛을 만들어내는 대신 조도를 낮춘 조명으로 어둡게 실내를 설계하여 오직 자연광만이 방안을 부드럽게 채우도록 구성했다. 전면의 유리창에서 보이는 경관 외에 초점을 흐리는 요소를 만들지 않기 위한 건축가의 치밀한 계산에서 비롯된 것이다. 그 결과 거대한 유리 통창 너머로 보이는 광활한 풍광을 계절, 날씨, 시간에 따라 온전히 공간 안으로 끌어 담을 수 있었다.

　　순간 풍경이 고요해진다. 바깥세상과 서서히 차단되는 순간, 이곳 자연에서의 고립은 내게 완전무결한 자유를 안겨주었다. 마치 자연보다 더 아름다운 것을 창조하는 것은 불가능한 일이라고 말해주듯 겸손한 태도를 지닌 공간. 아득하고 부드러운 햇살을 받으며 숲길을 헤집고 걸어 들어가던 때 느꼈던 그 공기가 지금도 생생하다. 돌과 식물, 흔들리던 나뭇잎의 움직임까지 날것 그대로의 모든 것을 만났던 이 순간을 오래도록 기억하게 될 것 같다.

유벳 랜드스케이프 호텔 Juvet Landscape Hotel
https://juvet.com

게이랑에르 피오르의 참 매력을 느끼고 싶다면 자신만의 속도로 즐기는 자동차 여행을 추천한다. 오슬로에서 온달스네스까지 이동하는 동안, 돔바스 Dombås(남쪽으로는 수도인 오슬로, 서쪽 해안으로는 온달스네스, 북쪽으로는 옛 수도인 트론헤임을 연결하는 E6 및 E136 고속도로의 중요한 교차점)를 기점으로 이 여정의 묘미가 시작된다. 산들은 저마다의 묵직한 양감과 부드러운 질감으로 이어지고, 헤아릴 수 없을 정도로 많은 피오르와 협곡을 만나게 된다. 알프스를 닮은 풍경이 나타났다가도 순식간에 기이한 산맥과 광활한 폭포 줄기들이 모습을 드러내는 광경이 이어져 달리던 차를 멈추는 일이 비일비재했다.

첫 번째 관문은 유럽에서 가장 높은 산악 수직 절벽인 트롤베겐 Trollveggen(트롤의 벽)으로, 산 전체가 깎아지른 기암괴석들로 이루어져 압도적인 인상으로 다가오는 곳이다. 영화 〈해리 포터와 혼혈 왕자〉의 배경이 되었을 만큼 판타지 영화의 오프닝을 보는 듯한 강렬한 시작이었다. 트롤베겐은 한때 베이스 점핑의 명소로도 유명한 곳이었으나, 많은 낙하 사고로 인해 지금은 베이스 점핑이 법으로 금지되어 있다. 한 발만 헛디뎌도 까마득한 허공 아래로 추락할 것 같은 아찔한 공포조차 사람들에게는 치명적인 아름다움으로 다가왔던 걸까, 그 앞에서 느끼는 두려움과 아름다움의 경계가 묘한 대조를 이룬다.

아침 하늘이었는데도 여전히 밝게 빛나는 그믐달 아래로 트롤의 수직 절벽이 병풍처럼 늘어서 있다. 해가 조금씩 떠오르자 깊고 넓게 펼쳐진 산등성이들 사이의 굵은 주름들이 여러 가지 색을 머금으며 민낯을 드러낸다. 만들어진 시간조차 가늠할 수 없는 대자연의 신비는 아득한 정적 속에서 날카롭고 선명하게 느껴졌다.

이어지는 관문은 가파른 벼랑에 나 있는 트롤스티겐Trollstigen(요정의 사다리) 구간이다. 1936년에 시작해 8년간의 공사 끝에 완공된 이 도로는 노르웨이에서 가장 유명한 관광도로로 자리매김했다. 도로는 산의 모양새를 따라 구불구불 에두르며 깎아지른 바위산을 뚫고 지나기도 하고, 녹은 눈이 쏟아지는 스티그포센Stigfossen 폭포 아래를 물결처럼 지나가며 400m 높이 위에 위치한 스티그뢰라Stigrøra 고개까지 이어졌다. 이 도로를 두고 자연과 인간이 만든 합작이라 한다면 다소 자만일까? 자연과 소통할 수 있는 경계선에서 트롤스티겐 도로는 길 이상의 의미를 가진 장소임이 틀림없다.

트롤스티겐에는 2012년 건축가 라이울프 람스타드Reiulf Ramstad가 설계한 전망대가 있다. 이 전망대를 통해 건축가는 인간이 느낄 수 있는 자연에 대한 경험을 더 높은 단계로 끌어올렸다. 워낙 폭설이 잦은 데다 급격한 온도 변화가 있는 지역의 특성을 고려해 코르텐강판Cor-ten Steel이라는 특수한 소재로 만들어진 이 전망대는, 시간이 흐르면서 색이 깊어진 철제가 세월의 흔적을 덧입는다. 인위적인 기교를 최소화하고 자연과의 유기적 조화와 질서 속에 녹아든 건축물은 마치 이곳에 원래 존재했던 듯 풍경과 일체감을 이루고 있었다.

전망대 산책로의 초입부에서는 담대하고 과감한 선으로 디자인된, 현대적이고 세련된 건물이 눈에 띈다. 거대한 산맥을 이룬 주변의 거친 산들과 희붐한 푸른빛으로 빛나는 호수 위에 건축물의 예술성이 더해져 사람들을 자석처럼 끌어들인다. 관광객을 위한 레스토랑 겸 휴게소 역할을 하는 방문자센터이니 느긋하게 건축을 즐기며 산책을 해보자.

트롤베겐

북유럽 신화에서 트롤은 신과의 전쟁에서 패배한 거인으로 전해지는데, 극작가 헨리크 입센의 희곡 《페르 귄트》에 등장해 유명해졌다. 노르웨이에서는 험준한 지형과 대조적으로 매혹적인 자연 경관을 지닌 곳에 '트롤'의 지명이 많다. 트롤베겐은 빛을 두려워하는 트롤이 태양을 피하지 못하고 돌로 변했다는 전설이 내려오는 곳이다.

트롤스티겐 전망대

게이랑에르 피오르의
뷰 포인트

    게이랑에르 피오르를 관람하는 방법으로 보통 게이랑에르 유람선*(게이랑에르~헬레쉴트의 총 20km 구간 운행)에 탑승하여 유네스코 세계문화유산으로 등재된 7자매 폭포를 보는 코스를 추천하지만, 피오르의 경관을 보다 색다르게 즐길 수 있는 곳들을 소개한다. 게이랑에르 마을 초입에서 지그재그로 가파른 산비탈을 오르는 '외르네스빙엔' 전망대를 시작으로, 마을 뒷산 중턱의 해발 300m의 협곡에 위치한 '플뤼달슈벳' 전망대, 그리고 그 위로 더 올라가면 해발 약 1,500m의 높이로 유럽에서 가장 높은 피오르 전망을 자랑하는 '달스니바' 전망대까지 길 중간마다 차를 세워놓고 감상하기 좋은 포인트가 즐비하다. 산맥의 험준한 정상부를 가장 가까이에서 만끽할 수 있어 풍경과 스릴을 함께 즐길 수 있는 매력적인 코스들이다.

게이랑에르 유람선과 폭포

게이랑에르 피오르의 서쪽 끝에 위치한 헬레쉴트 마을까지 페리를 타고 약 1시간 동안 이동하는 여정이다. 거대한 협곡마다 엄청난 높이에서 수많은 폭포가 쏟아지는데, 폭포에서 떨어지는 물의 양은 지난겨울 눈이 내린 양에 비례한다. 이 코스의 하이라이트는 피오르 중간의 7자매 폭포(Seven Sisters Waterfall)와 건너편의 구혼자 폭포(Suitor Waterfall)이다. 칼날로 벤 것 같은 182m의 암벽 절벽을 타고 일곱 줄기의 거대한 폭포가 떨어지는데, 맞은편 구혼자 폭포의 위용도 만만치가 않다. 한 청년이 7명의 자매에게 돌아가며 청혼을 했지만 거절당한 후 술을 마시기 시작해 술병처럼 생긴 폭포가 됐다는 전설이 흥미롭다.

외르네스빙엔 전망대 Ørnesvingen

고갯길이 깊숙한 협곡의 능선에 마치 독수리가 둥지를 튼 양 지그재그로 까마득하게 길을 낸 모습이 마치 독수리 날개깃을 닮았다 해서 '이글 로드'로 잘 알려진 곳이다. 가파른 산기슭에 위치한 외르네스빙엔 전망대에서는 동화처럼 나타나는 게이랑에르 마을이 손에 잡힐 듯 시야에 들어온다.

플뤼달슈벳 전망대 Flydalsjuvet

게이랑에르 마을의 뒷길을 2km쯤 오르면, 산 중턱 절벽 위에 자리 잡은 플뤼달슈벳 전망대를 만날 수 있다. 까마득하게 높은 벼랑에서 바라보는 피오르와 거대한 유람선이 마치 협곡에 갇힌 작은 장난감처럼 보이는 모습이 독특한 풍경을 자아낸다.

달스니바 전망대 Dalsnibba

달스니바 전망대는 프뤼달슈벳 전망대 위쪽으로 40여 분을 더 달려야 만날 수 있다. 다른 전망대와 달리 유료 도로로 개통되어 있지만, 곳곳에 펼쳐지는 빙하 폭포와 거대한 협곡의 모습이 장관이다. 특히 전망대로 오르는 산 중턱에는 2,000㎡ 면적의 거대한 빙하 호수 듀프호Djupvatnet가 있어, 만년 설산의 절경을 천천히 감상하는 것만으로도 이곳에 올 가치는 충분하다. 워낙 눈이 많은 지역이라 여름철에만 공개되며, 한여름에도 차가운 눈으로 뒤덮인 암봉이 지척에 보인다. 단, 날씨가 흐리면 구름에 가려 경치가 보이지 않으니 일기예보를 미리 체크하고 가는 것이 좋다.

트롤스티겐 방문자센터

아르누보 도시 여행,
올레순

    게이랑에르 피오르 근처 남서부 해안가에 자리한 올레순Ålesund은 설산에 둘러싸여 점점이 흩어진 일곱 개의 섬들로 이어진 작은 소도시다. 게이랑에르 피오르까지 장시간의 운전이 부담스럽다면 오슬로에서 비행기를 타고 한 시간 남짓 걸리는 도시인 올레순으로 향하는 것도 좋은 선택지가 된다. 이 도시의 중심지는 뇌르뵈야Nørvøya와 아스푀야Aspøya 섬에 걸쳐 있고, 나머지 섬들은 바다 위를 가로지르는 우아한 곡선의 해안 다리와 해저 터널로 이어져 마치 미지의 땅으로 향하는 듯 신비로움이 가득하다.

'공간의 경험'을 콘셉트로 한 부티크 호텔

올레순의 도심에는 창백한 회색빛 지붕을 가진 알록달록한 파스텔톤 건물들이 고혹적인 분위기를 풍기며 운하를 따라 길게 늘어서 있다. 그 매력적인 골목을 자박자박 걷다 보면 둥글고 뾰족한 모양의 첨탑과 아치형 창틀로 부드러운 카리스마를 뿜어내는 건물에 닿게 된다. 올레순에서 가장 오래된 호텔이라는 '1904'이다. 마치 오래된 대저택을 방문하는 듯 정연한 호텔의 외관은 올레순의 역사와 시간의 결을 고스란히 담고 있다.

1904 호텔 Hotel 1904
https://1904.no

'경험'을 큐레이션의 주제로 삼았다는 이곳 호텔은 1층 공간부터 예사롭지 않다. 디자인 셀렉트숍이라는 표현이 더 잘 어울릴 듯한 로비 한쪽에는 좋은 취향과 감각으로 진열된 가구들과 소품들이 잘 채워져 있다. 호텔의 객실은 소박하고 아담하지만, 손님 모두가 함께 누리는 공용 공간은 높은 미적 완성도를 기준으로 설계를 했다.

호텔에서 가장 돋보이는 공간은 바로 완벽하게 꾸며놓은 응접실이다. 응접실에 들어서 자마자 나는 섬세한 꽃무늬 양탄자와 레드 소파의 강렬한 컬러 매치에 옅은 탄성을 질 렀다. 절제되고 간결한 스칸디나비아 디자인과 고전적이면서도 과장된 모티브를 사용 하는 아르누보 디자인이 함께 어우러진 연출이다. 매스프로덕션Massproductions, 앤 트레 디션&Tradition, 칼 한센 앤 선Carl Hansen & Søn 등 근사한 가구들에 눈이 즐거워지고, 곳곳 에 장식한 식물과 양초는 편안한 분위기를 자아낸다. 공간을 구분 짓는 오래된 문을 넘 어서면 곡선을 강조한 베이지색 소파가 오브제가 되어 공간에 깊이 스며드는데, 이 응 접실은 식당까지 매끄럽게 연결이 된다. 호텔의 콘셉트대로 공간 디자인의 새로운 경험 을 만끽할 수 있는 시간이다.

화재의 상흔에서 탄생한 아르누보의 도시

1904년 1월 23일 토요일, 올레순에 큰 화재가 일어났다. 화재 전날 밤은 여느 평범한 날과 다르지 않았다. 바람의 기압이 조금 상승했지만, 극단적인 해안의 날씨에 익숙한 사람들은 큰 차이를 느끼지 못한 채 그저 평온하게 잠들어 있었다. 새벽 두 시, 사소한 불로 시작된 화재는 강한 돌풍을 타며 빠르게 번졌고, 전기 합선이 일어나면서 순식간에 도시 전체가 잿더미가 되었다. 약 850채의 주택이 소실되었고, 올레순에는 약 230채의 건물만 남았다. 한순간에 집을 잃은 1만 명이 넘는 올레순 시민들을 위해 전 세계에서 도움의 손길이 찾아왔다. 특히 게이랑에르 피오르의 아름다움에 깊은 애정을 품었던 독일의 황제 빌헬름 2세는 자신의 재산을 도시의 재건을 위해 기부하고, 구호물자를 실은 배들은 물론 도시의 재건축을 돕기 위한 독일의 건축가들까지 보냈다.

이후 유럽과 노르웨이 전역의 유능한 젊은 건축가들이 함께 동원되어 불에 타지 않는 벽돌과 화강석을 재료로 하여 당시 유행하던 예술 양식인 아르누보 건축 양식으로 도시를 새롭게 창조했다. '새로운 예술'을 의미하는 아르누보 양식은 기존 질서와 다른 새로운 창의성에 기초한 표현 방식으로, 이곳의 아르누보는 북유럽 신화와 노르웨이의 바이킹 조각 공예에서 영감을 받아 올레순만의 스타일을 만들어냈다.

도시 전체를 조망할 수 있는 악셀라 산 전망대 위에서 바라본 올레순의 풍경

펭귄과 유사하게 생겨 익살맞고 개구지게 생긴 퍼핀은 주황색의 크고 멋진 부리를 뽐낸다. 매일 아침 바다로 나가 물고기를 잡으며 오후 6-8시 사이에 룬데 섬으로 돌아오기 때문에 퍼핀을 볼 수 있는 가장 좋은 시간은 저녁 무렵이다. 하얀 밤의 트레킹으로 한여름의 백야를 즐겨도 좋다.

룬데 섬

올레순에서 동쪽으로 약 2시간 거리에 있는 룬데Runde 섬은, 1725년 네덜란드 선박이 침몰한 후 바다 밑에 가라앉은 난파선에서 발견된 금으로 인해 보물섬Skatteøya으로도 잘 알려져 있다. 이 섬에서는 마치 고요의 틈새로 빨려 들어가는 듯한 적막하고 평온한 시간을 누릴 수 있는데, 특히 섬의 끄트머리에는 가파른 해안 절벽이 광대하게 펼쳐져 있는 푸글레피엘렛Fuglefjellet이 있다. 이곳은 해양 조류 보호 구역으로 노르웨이에서 가장 다양한 조류를 볼 수 있는 야생 조류의 낙원이기도 하다. 2월부터 8월까지 50만 마리 이상의 새들이 이곳 절벽에 둥지를 틀고, 흰꼬리수리, 큰도둑갈매기, 바다새 북방가넷, 바다오리 등 80종류의 다양한 조류들이 서식한다고 한다. 특히 대서양퍼핀Atlantic puffin은 봄과 여름에 새끼를 보살피기 위해 이곳 룬데 섬에서 머문다. 산을 오르는 길목마다 만나는 야생 조류들은 마치 산길을 다정하게 안내하는 듯했고, 그 자태에 마음을 뺏겨 자연 보호 구역 내의 트레일을 따라 더 높은 해안 절벽 위로 올랐다. 그리고 노르웨이 최남단, 300m 높이의 절벽에서 곧게 뻗어 있는 망망한 대서양을 바라보았다. 마치 보물을 거머쥔 기분으로 가쁘게 떨리는 감동과 여운을 다독이며 그 벼랑 위에서 오래 황홀한 휴식을 취했다.

고되야 섬

올레순에서 가까운 거리에 있는 고되야Godøya 섬은 산 중앙 부분을 통과하는 왕복 1차
선 터널을 통해 조심스럽게 접근해야 한다. 터널 밖에서 통행 신호를 기다린 후에 진입
할 수 있는데, 마주 오는 차량을 대비해 터널 중간에 차량을 잠시 멈출 수 있는 대기 장
소가 있다. 긴장을 늦출 수 없는 길을 따라가다 보면 그 끝에 아름다운 작은 마을 알네스
Alnes가 있다. 모래 해변으로 부드럽게 이어진 산책로, 완만한 언덕 위 그림 같은 등대.
창문 너머가 궁금해지는 동화 같은 집들은 마치 꿈속에서 스쳐 간 그리움 같다. 황혼 녘
잔잔하고도 선명한 풍경에 한참을 우두커니 서 있었다. 하루 종일 이 섬에 속절없이 갇
혀 있어도 마냥 좋겠다는 생각을 해본다.

SOGNEFJORD

송네 피오르

노르웨이의 서해안 지도를 살펴보면, 실타래처럼 무수히 갈라지는 피오르 해안의 복잡한 지형을 마주하게 된다. 이는 빙하기 때 노르웨이의 해안에서 발달한 두꺼운 빙하가 땅을 여러 차례 침식시키며 곳곳에 거대한 골을 형성시켰기 때문이다. 구불구불한 지형과 수많은 작은 섬들 때문에 노르웨이 해안선의 전체 길이는 무려 2만 여 km에 달하는데, 그중 송네 피오르는 가장 수심이 깊고 긴 피오르로 불린다. 하지만 다른 피오르에 비해 교통편이 가장 체계적으로 마련되어 있어 접근이 수월하고, 연중 투어가 가능하다는 장점으로 대중적인 사랑을 받는 곳이다. 노르웨이 관광청에서는 '인 어 넛쉘in a nutshell'이라는 프로그램으로 각 피오르에 따른 교통 프로그램을 보다 편리하게 구성해놓았는데, 그중에서도 송네 피오르로 향하는 '노르웨이 인 어 넛쉘' 패스가 대표적이다. 송네 피오르의 다양한 얼굴을 만나고 싶다면 빙하 트레킹을 위한 여행 계획을 세워도 좋다.

"우리가 우리 안에 있는 것들 가운데

아주 작은 부분만을 경험할 수 있다면,

나머지는 어떻게 되는 걸까?"

일상이 낯설어진 한 남자의 돌연한 일탈을 담은 파스칼 메르시어의 소설, 《리스본행 야간열차》. 주인공 그레고리우스는 이 한 문장에 이끌려 일정과 기한이 정해지지 않은 여행을 떠나게 된다. 꼭 대단한 사건만이 누군가의 인생 방향을 바꾸는 결정적인 순간이 되는 것은 아니다. 내 인생에서 전혀 계획하지 않았던 노르웨이에서의 삶은 잠깐의 간극에서 불쑥 찾아왔다. 완강한 자신감으로 시작했지만, 이민자의 삶은 달뜬 감정보다는 겸손해지는 순간들을 가감 없이 마주하는 일이었다. 마치 물과 기름의 층에 끼어 있는 듯한 뿌연 시야를 벅벅 문지르며, 나는 침잠하는 대신 조금 더 용감해지기로 했다. 그리고 한 장의 티켓을 샀다.

그 티켓은 송네 피오르로 향하는 '노르웨이 인 어 넛쉘Norway in a Nutshell*'. 노르웨이라는 낯선 언어에 깃든 세계를 만나는 일에 가장 먼저 피오르가 떠오른 건 당연한 수순이었을지도 모른다. 그곳에서는 자질구레한 사회적 관계들을 내려놓고 한결 가벼워질 수 있을 것 같았다. 드디어 여행 당일, 오슬로에서 뮈르달Myrdal행 기차에 오르며 송네 피오르로 떠나는 여정이 시작되었다. 문득 떠나야겠다 싶어질 때 기차만큼 좋은 수단은 없다. 나를 더 좋은 곳으로 데려다 줄 거라는 희망과 함께 흔들리는 기차에 몸을 맡긴다. 노르웨이의 기차 안은 창밖으로 멍하니 흐르는 생각들을 매만지기에도, 오랜 시간 방해받지 않은 채 차분히 책을 읽기에도 좋다.

노르웨이 인 어 넛쉘

짧은 일정 동안 집약적으로 노르웨이의 대자연을 체험하고 싶다면 송네 피오르 여행의 핵심 투어인 '노르웨이 인 어 넛쉘' 프로그램을 이용해보자. 간단하게 말하면 교통권에 더 가까운데, 오슬로나 베르겐에서 출발하여 기차, 산악 열차, 페리, 버스의 다양한 교통수단을 효율적인 동선으로 연결하여 송네 피오르 일대를 압축해 둘러볼 수 있다는 장점이 있다. 코스는 오슬로-뮈르달-플롬-구드방겐-보스-베르겐까지의 동선이 일반적이며, 해당 루트에 따라 직접 각 구간의 표를 예약하는 방법도 있다.

www.norwaynutshell.com

차분한 분위기에 몸과 마음이 편안해지자, 비로소 기차 안의 풍경이 눈에 들어오기 시작한다. 노르웨이의 기차는 과연 어떤 모습일까? 기차 안에서 아이들의 부산스러움을 못 느꼈던 이유는 동화책과 비디오를 즐길 수 있는 가족 칸이 별도로 나누어져 있었기 때문이다. 기차 안에는 스키와 자전거를 보관할 수 있는 공간도 따로 마련되어 있었다. 또 하나의 낯선 풍경은 바로 반려동물 전용칸이었다. 반려견은 신장 40cm까지 무료로 탈 수 있고, 덩치가 그 이상이라면 성인 요금의 50퍼센트를 내야 한다. 반려동물 양육 문화가 정착된 노르웨이에서는 반려동물에 대한 가이드라인이 언제나 명확히 규정되어 있어 진정한 '반려'란 무엇인지 다시금 생각해보게 된다.

이윽고 기차는 플랫폼을 서서히 빠져나가 속도를 높였고, 도시의 풍경도 서서히 희미해졌다. 기차가 울창한 숲으로 들어가 빽빽한 나무 사이를 달릴 때면 싱그러운 녹음으로 물들었다가, 말간 호수 위를 달릴 때는 다시 차갑고 푸르스름한 장면으로 채워졌다. 여담이지만 노르웨이에는 기차를 타고 가면서 보이는 차창 밖 풍경을 7시간 남짓 보여주는 TV 채널이 있다. 아무런 편집 없이 내보낸 이 영상을 당시 노르웨이 인구의 25퍼센트인 120만 명이 시청했다고 하는데, 그때 달렸던 기차가 바로 오슬로-베르겐을 잇는 기차다. 실제로 보고 나니 역시 그 아름다움이 과언이 아니었다는 것을 실감했다.

가장 높은 고도이자 해발 1,222m에 위치한 중간 정차역인 핀세Finse역에 다다르자 귀가 먹먹해진다. 하늘은 어느새 손으로 만질 수 있을 것만 같이 낮아졌고, 풍경의 색은 더욱더 짙어졌다. 스키를 둘러멘 사람들이 기차에서 우르르 내리더니 새하얀 산맥을 유유히 미끄러진다. 이곳 핀세는 5월 중순까지 스키 시즌이 이어진다.

오슬로에서부터 약 5시간 남짓 달린 기차는 어느새 뮈르달 역에 도착했다. 해발 1,000m에 가까운 고산 위에 아담한 붉은색 건물로 지어진 역이 짙은 안개 사이에 끼어 있었다. 그 앞으로 붉은 건물의 색과 대조되는 우아한 진녹색의 산악 열차가 서 있다. 짧은 환승 시간이라 서둘러 플롬Flåm으로 가는 산악 열차에 다시 몸을 실었다.

"세상에서 가장 아름다운 산악 열차"라는 수식어가 붙어 있는 플롬 산악 열차는 험준한 지형에 살고 있는 주민들의 이동을 돕기 위해 만들어진 것이다. 해발 차가 860m에 달하는 가파른 비탈과 급격하게 지그재그로 회전하는 철로는 최대 55도에 이르는 급경사 구간으로 1923년에 공사가 시작되어 완공까지 무려 20여 년의 기간이 소요된 것으로 유명하다. 철도 건설 당시 인부들이 이용한 선로 주변의 샛길은 현재 산악자전거 코스로도 활용되고 있다. 기차는 쉴 새 없이 덜컹거리며 커다란 바위와 숲, 까마득한 높이의 폭포 사이를 휘젓듯이 달렸다. 절벽을 파고든 산에는 소박하고 작은 마을들이 수줍은 듯 드문드문 자리 잡고 있었다.

캄캄한 터널을 지나자 기차가 서서히 속도를 줄이기 시작한다. 갑작스러운 굉음 앞에 기차가 잠시 멈춰 섰다. 플롬 철도의 하이라이트인 효스 폭포kjosfossen에 다다른 것이다. 기차는 이곳에서 10여 분 정도를 정차한다. 효스 폭포는 플롬 계곡의 만년설이 녹아 형성되었는데 물이 무려 93m를 낙하한다니 두 눈으로 보고도 믿기가 어려웠다.

산악 열차가 내려와 멈춘 곳은 인구 300명 정도가 살고 있는 산간마을 플롬. 송네 피오르를 둘러보는 방법은 플롬에서 구드방겐Gudvangen으로 가는 페리를 이용하는 것이 일반적인데, 이 구간을 운항하는 페리가 송네 피오르의 지류인 에울란 피오르Aurlandsfjord와 유네스코 세계문화유산으로 지정된 내뢰이 피오르Nærøyfjord를 지나가기 때문에, 가장 많은 사람들의 사랑을 받는 코스이다.

플롬 마을 선착장에 서 있던 페리에 올라타자. 드디어 노르웨이에서 가장 길고 깊다는 송네 피오르로 떠나는 항해가 시작됐다. 피오르 여행에는 모든 계절이 공존한다. 한여름의 여행이었지만 저 멀리 산꼭대기에는 흰 눈이 덮여 있고, 수많은 폭포들이 리듬을 타며 작은 물줄기로 쏟아져 내렸다. 가랑비를 흩뿌리는 잿빛 하늘도 주변의 산세를 감추지는 못했다. 차가운 공기는 자욱한 물안개를 몰고 다니며 나의 호흡을 피오르 안에 가둔다. 순간 무어라 형언할 수 없는 감정이 밀려들어 왔다. 강렬하면서도 명료한 교감의 순간이었다. 페리는 점차 빙하가 쓸고 간 장엄한 협곡으로 깊이 들어갔다. 송네 피오르의 하이라이트인 내뢰이 피오르에서는 협만이 아슬아슬할 정도로 급격하게 좁혀지는데, 페리 난간에 기댄 채 노르웨이에서 가장 거대한 피오르와 가장 좁은 피오르가 교차하는 순간을 숨죽이며 바라보았다. 행복이라는 감정보다 그 이상의 해방감이 느껴졌다.

마침내 페리가 구드방엔에 도착하면 다시 중간 기착지인 보스Voss까지 가는 버스가 대기해 있다. 노르웨이에서는 페리와 버스가 마치 하나의 시스템처럼 자연스럽게 연결이 된다. 보스에서는 '노르웨이 인 어 넛셀'의 마지막 여정인 베르겐행 기차를 탈 수 있다.

나 자신에게 끝없이 질문하고 답을 구하는 여행이었다. 송네 피오르로 닿는 긴 여정 속에서 손가락 사이로 흩어질 것 같던 모든 아름다운 순간들을 감각으로 붙잡았다. 그 찰나가 쌓여 일상의 두께가 될 테다.

노르웨이식 여름 바캉스,
요스테달스브렌 빙하 트레킹

TIMES OF FJORD

노르웨이는 한국보다 위도가 높은 탓에 통상적인 여름 기온이 24도 안팎으로 비교적 시원한 여름을 보내는 편이지만, 해마다 날이 조금씩 더워지면서 한낮 기온이 30도를 웃도는 무더위가 찾아오고는 한다. 늘 선선한 탓에 에어컨이 필요치 않던 이곳에서 더위에 대처할 방법을 찾는 일은 생각보다 간단했다. 바로 눈과 얼음으로 뒤덮인 빙하로 떠나는 것이다. 노르웨이의 신비스러운 피오르를 이해하는 데 결정적인 키워드는 바로 빙하이다.

언젠가 한 번쯤 차가운 얼음 굴곡을 두 발로 디뎌보자 했던 빙하 트레킹은 노르웨이에 온 이래 오랫동안 내 버킷리스트에 담겨 있던 일이었다. 하지만 계획을 세워 떠나려 할 때마다 이상하게도 번번이 궂은 날씨로 무산되기 일쑤였다. 잊고 있던 빙하에 대한 로망은 예기치 못한 어느 여름날 갑자기 이루어졌다. 우리의 목적지는 송네 피오르 상류에 있는 요스테달스브렌 국립공원 Jostedalsbreen National Park 이다.

요스테달스브렌 국립공원은 여러 개의 지류 빙하들을 포함하고 있는데, 뉘가드 빙하 Nigardsbreen 와 브릭스달 빙하 Briksdalsbreen 가 가장 접근성이 좋다. 눈과 얼음이 덮인 산을 뚫고 넓은 빙하를 걷는 일은 왠지 전문가들만 참여할 수 있을 것 같지만, 전문 가이드 동반하에 누구나 참여가 가능하다.

노르웨이의 빙하 트레킹

뉘가드 빙하의 경우 7~8월에만 빙하 트레킹이 가능하다. 코스가 여러 개 있어 기호에 따라 선택해서 즐길 수 있고, 가장 기본인 왕복 3시간 코스는 일반인들도 쉽게 이용할 수 있다. 대체로 평탄한 코스이지만, 가파르고 힘든 구간도 있으니 체력을 체크한 뒤 코스를 정하는 것이 바람직하다. 빙하 트레킹에 참가하면 보통 아이젠과 손도끼, 트레킹화 등은 무료로 대여받을 수 있으나 가능하다면 신발은 직접 준비하는 것이 좋고, 상·하의 모두 어느 정도 방수 기능이 있어야 트레킹을 하는 내내 불편함이 없다. 빙하 아래에는 에메랄드빛 호수가 형성되어 있어 호수부터 빙하 접점까지는 보트를 타고 이동하거나, 바위 계곡으로 이루어진 길을 걷는다. 빙하를 오를 여건이 되지 않는 사람들은 보트를 타는 대신 이 산책로로 이어진 트레킹을 즐겨도 좋다. www.bfl.no 에서 투어 신청이 가능하다.

한여름에 즐기는 얼음 위 트레킹은 낯설고도 신기했다. 초겨울과 한여름을 오가는 온도에 극렬한 자연이 느껴졌다. 스산한 한기가 몸 안에 스며들다가도 태양이 구름을 벗어나면 복사열 때문에 옷을 벗어야 할 정도로 더웠다.

트레킹이 시작되자 전문 가이드를 선두로 10~12명 정도를 한 팀으로 구성해 발을 맞추어 천천히 길을 올랐다. 팀원들과 안전 로프로 서로의 몸이 연결되어 있기 때문에, 행여 다른 이들에게 누가 되지 않을까 온몸에 퍼지는 긴장감으로 정신을 바짝 차렸다. 차가운 빙하의 모서리에 의지해서 가파른 홈통 구간을 온몸을 끼어 기다시피 올라가야 하는 구간도 있었고, 키보다 훨씬 높고 좁은 곳을 빙하 양 벽을 타고 올라가야 하는 구간에서는 두려움에 주저하기도 했다. 곳곳에 움푹 팬 구덩이에 고인 옥빛 물빛과 가끔씩 빙하가 움직이는 듯한 서걱거리는 소리에 흠칫 놀라기도 한다. 하지만 조바심을 낼 필요는 없다. 무언의 연대감이 생긴 팀원들은 서로를 배려하며 손도 잡아주고 다정한 격려를 건넨다.

점점 주위는 믿을 수 없을 만큼 고요해졌다. 그동안 쌓인 일상의 타성과 더불어 흔들리던 내 안의 잡념이 서서히 줄어든다. 잠시 숨을 멈추고 주변을 둘러보자 수천 년의 시간을 가둔 빙하가 들려주는 깊고 투명한 이야기에 귀를 기울일 수 있었다. 최근 늘 어딘가 긴장하던 마음은 이방인들 앞에서 나를 인상적으로 드러내고 싶어 하는 과도한 조바심과 낯선 문화에서 겪는 서투름을 인정하지 못하는 안간힘에서 오는 불안이었다는 것을 깨닫는다. 자연의 느긋한 시간 앞에서 내가 견디는 시간은 한없이 왜소했다. "너무 애쓰지 마." 빙하가 건넨 순백의 위로를 곱씹으며, 나는 가벼운 걸음으로 산을 내려왔다.

요스테달스브렌 국립공원 Jostedalsbreen National Park

www.jostedalsbreen.org

　　사실 이번 빙하 트레킹은 무더위를 핑계로 덜컥 와버린 여행이었다. 준비 없이 떠난 여정은 분명 즐거운 모험이었지만 안정감과 편안함을 기대하기에는 어려웠다. 아니나 다를까 막상 와보니 여름 성수기가 겹쳐 숙소와 빈방을 찾는 것이 어려웠다. 하지만 여행의 매력 중 하나는 우연과 고난을 즐길 마음의 여유가 있다는 것. 만약 숙소를 찾지 못한다면 낭만 가득한 야영이라도 할 셈으로 호기롭게 텐트까지 챙겨 왔다.

　　빙하를 오르는 내내 내리쬐던 한낮의 태양은 뜨거웠건만 트레킹이 끝난 무렵의 날씨는 딴판이었다. 구름을 몰고 오는 바람 소리가 차츰 거세졌다. 빙하에서 불어온 바람 때문인지 급작스레 빗방울이 후두둑 쏟아지자 당황하지 않을 수 없었다. 조급한 마음으로 고속도로를 달려보았지만 천연덕스럽게 무단횡단을 하는 소 떼와 양 떼들로 길을 멈추기 일쑤였다. 그러던 중 우연히 한 마을을 만났다. 흘러내리는 푸른빛 빙하들로 뒤덮인 산들이 부드럽게 마을을 에워싸고, 아름다운 녹색을 띤 물이 마을을 깊숙이 채우고 있는 피엘란드Fjærland였다.

　　마을에 위치한 피엘란드 호텔Fjærland Fjordstove Hotel에 들어서자 낯선 감정이 몸을 휘감았다. 어쩌면 불편이라는 단어가 무심코 튀어나올 듯한 작고 오래된 곳이었다. 로비에는 아득한 시간의 흔적을 간직한 골동품들과 미술 작품들이 가득했고, 호텔이라는 명칭보다는 작은 박물관이라는 이름이 더 어울리는 듯했다. 어렵게 찾은 숙소인 만큼 다른 대안은 없었다. 주인과의 몇 마디 대화 속에서 1937년에 지어진 이곳이 수십 년간 가족이 대를 이어 운영하고 있다는 말을 들었다. 낡고 오래된 정취가 조금씩 공감이 되어 소극적인 태도로 고개를 끄덕였다. 누군가 오랜 세월 동안 살뜰하게 가꾸고 이어온 귀한 이야기들에 범박한 잣대를 들이댔구나. 조금씩 미안한 마음이 들었다.

그렇게 마음의 틈이 열렸다. 오래 눈길이 머무는 모든 공간에서 정성껏 매만진 손길이 느껴진다. 작은 방들은 어릴 적 시골 할머니 댁에서 묵는 듯한 포근함이 전해지며 특유의 오래된 냄새마저 정겹게 느껴지기 시작했다. 이곳에서 피엘란드의 타임리프가 시작된 것만 같다. 과거와 현재가 만나는 듯 시간을 자유롭게 유영하는 공간이다.

힘들었던 빙하 트레킹의 피로를 호텔에서 직접 만들었다는 수제 맥주 한 잔으로 말끔히 씻어냈다. 호텔은 여행객들뿐만 아니라 피엘란드 마을 주민의 사랑방 역할까지 해내는 모양이었다. 사람들은 이 작고 사랑스러운 공간에서 휴식을 취하고 로비에 놓여있는 근사한 피아노를 자연스럽게 연주하며 노래를 불렀다. 내가 이곳에서 마음의 문이 쉬이 열린 이유는 자연에 순응하며 사는 이들에게서 느껴지던 순박하고도 따뜻한 표정 덕분이었는지도 모르겠다. 우리는 현재의 시간조차 가늠되지 않는 백야의 환한 밤 안에서 밤새도록 맥주를 마시며 이야기를 나누었다. 그러다가 새벽녘이 되어서야 얼핏 잠이 들었는데 하릴없이 빙하 위를 걷는 꿈을 꾸었다. 창가 너머 일렁이는 호수 빛과 따뜻한 햇살이 방안을 가득 채우는 느낌에 잠에서 깼다. 나는 밖으로 나가 초록색의 호수 근처를 서성였다. 이토록 무수한 초록의 스펙트럼을 내 일생에서 만난 적이 있던가. 내 몸에 얼룩지는 짙푸른 빛이 마음에 들어 이 호사를 기꺼운 마음으로 마음껏 누렸다. 완벽한 초록의 휴식을 보내고 피엘란드 마을을 떠나기 전 호텔 방문객 노트에 짧은 글귀를 남겼다. 아무도 이해할 수 없겠지만 오늘은 왠지 한글로 인사를 하고 싶었다.

'정말 잘 쉬었습니다. 고맙습니다.'

피엘란드 호텔 Fjærland Fjordstove Hotel
http://fjaerlandhotel.com

BERGEN

베르겐

노르웨이인들은 민족적 자부심이 상당히 강한 민족인데, 그중에서도 베르겐 사람들의 고향에 대한 자부심은 대단하다. 외지에서 자신을 소개할 때 '노르웨이가 아니라 베르겐에서 왔다'고 한다는 우스갯소리가 전해질 정도이니 말이다. 나는 베르겐 사람들의 공고한 자긍심이 스며든 이 도시가 궁금해지기 시작했다.

노르웨이 남서부에 위치한 베르겐은 일곱 개의 크고 작은 산들과 피오르 사이에 아늑하게 자리 잡은 조그마한 도시이지만, 12~13세기에는 노르웨이의 수도로 왕성한 번영을 누렸고 오슬로로 수도가 바뀐 이후에도 한자동맹이 형성된 해상 무역의 중심지로서 계속해서 성장해왔다. 오늘날의 여행 가이드북과 관광 안내 책자에서는 베르겐을 '피오르 여행의 관문 도시'로 소개하고 있지만(베르겐을 기점으로 남동부 하르당에르 피오르, 북동부 송네 피오르로 향할 수 있다) 좀 더 천천히 둘러보면 이 도시의 또 다른 예술적 면모를 발견할 수 있다.

노르웨이를 대표하는 극작가 헨리크 입센은 베르겐 국립극장의 전속작가 겸 무대감독으로 활동하면서 본격적으로 명성을 얻기 시작했고, 근대 노르웨이 문학의 창시자로 불리는 루드빅 홀베르그Ludvig Holberg와 노르웨이 국민음악가 에드바르 그리그Edvard Hagerup Grieg의 고향이 바로 베르겐이다. 1968년 이후에는 권위주의와 기성 가치에 저항하는 노르웨이의 젊은 음악가들이 헤비메탈에서 변주된 다양한 하위음악 장르를 시도했는데, 베르겐은 그 중심에서 새로운 음악과 밴드들을 배출해왔다. 국내에서도 익숙한 인디 포크의 주역인 '킹스 오브 컨비니언스Kings of Convenience'의 멤버들도 베르겐 출신이다.

이곳에서는 매년 5월 말에서 6월 초까지 그리그에게 헌사하는 '베르겐 국제 페스티벌Festspillene i Bergen'이 열리고, 밤에는 별빛 쏟아지는 새벽하늘과 피오르를 마주하며 재즈를 즐길 수 있는 재즈 음악 축제인 '베르겐 나이트 재즈 페스티벌Nattjazz'이 열린다. 이어서 6월 중순에는 노르웨이 전역의 밴드가 모이는 '베르겐 페스트Bergenfest'가 개최된다. 일 년 내내 감미로운 인디 팝, 재즈, 일렉트로닉 음악까지 다양한 장르의 예술 행사들로 가득한 이 도시가 예술과 함께 흐르고 있다고 해도 과언이 아니다.

베르겐의 역사와
전통을 만날 수 있는 곳,
베르겐 보쉬 호텔

We were looking for things

that were unchanging and non-trendy.

우리는 영속적이며,

유행에 따르지 않는 것을 찾습니다.

부푼 기대를 안고 기차역을 나오자마자 나를 반겨준 것은 억수처럼 쏟아지는 비였다. 먹구름과 폭우가 며칠째 계속된다는 소식을 들었다. 1년 중 화창한 날은 손에 꼽을 정도로 비가 자주 내린다는 베르겐에서 일기예보를 체크하며 여행 일정을 고르는 일은 별 의미가 없었다. 영화 〈겨울왕국〉의 배경은 베르겐을 모티브로 했다지만, 사실 남서부에 위치한 베르겐은 멕시코 만류의 영향으로 높은 위도에 비해 따뜻하다. 이곳의 겨울 기온은 한국과 비슷하거나 오히려 온난한 편인데, 문제는 사방에서 불어오는 비바람이다. 신경 써서 챙겨 온 우산도 큰 도움이 되지 못했다. 빗줄기가 굵어질 때마다 바람도 거세져 눈앞이 보이지 않을 정도였지만, 베르겐 사람들은 우비를 입고 평소처럼 의연하게 걸어갈 뿐이었다. 날씨의 어두운 기운이 슬슬 여행자의 마음을 휘젓기 시작한다. 안개가 스며들어 옅게 채색된 듯한 베르겐의 아름다움이 눈에 채 들어오기도 전에 바지 밑단과 어깨가 젖기 시작했다. 첫날 경험한 베르겐의 인상은 춥고 스산한 도시였다. 피오르 여행의 일정이 길어져서일까, 나는 도시의 세련된 리듬과 편안한 휴식이 조금씩 그리워졌다.

베르겐에서 지내기로 한 베르겐 보쉬 호텔Bergen Børs Hotel은 항구 너머 독특한 삼각 지붕의 고대 목조 가옥들이 즐비한 브뤼겐Bryggen과 분주한 어시장Fisketorget 근처에 자리 잡고 있었다. 중후한 르네상스풍의 외관과 달리 로비는 깔끔한 회색 대리석과 차분한 우드톤으로 세련되고도 단정한 인상을 풍겼다. 베르겐에 도착하면서부터 줄곧 맡았던 축축한 공기와 코끝을 아릿하게 풍기던 비 내음은 호텔의 문을 열고 들어서자마자 꽃잎을 바짝 말린 듯 향긋한 백차의 잔향으로 변했다. 놀라웠던 점은 체크인을 하던 중 리셉션 직원이 건넨 제안이었다. "저희 호텔은 방마다 디자인 콘셉트와 구성이 달라요. 괜찮으시다면 몇 개의 방을 직접 둘러보신 다음 머물 곳을 결정하시는 게 어때요?" 호텔 측의 다정한 제안에, 순간 이곳에서 보낼 시간이 꽤 특별할 것 같다는 느낌이 들었다.

직원은 미로 같은 호텔을 누비며 능숙하게 건물의 역사와 건축에 대한 이야기를 들려주기 시작했다. 이 호텔에 대해 설명하려면 우선 호텔이 들어선 장소부터 이야기해야 한다.

1862년에 증권 거래소로 처음 문을 연 이 건물은 베르겐의 금융 경제를 책임지는 역할을 했다고 한다. 1913년에 두 번째 건물을 증축했고 마지막으로 지어진 3번째 건물은 1974년에 완공되어 현재까지도 은행 역할을 하고 있다. 현재 이 호텔은 3채의 건물 전체 상층에 들어서 있다. 오랜 역사를 가진 건물이 현대적인 인테리어와 만나 디자인 호텔로 재탄생한 것이다. 옛 건물들의 외관은 그대로 유지한 채 내부만 리노베이션을 진행하였기 때문에 밖에서 보는 호텔의 존재감이 독특한 분위기를 전해준다. 건축가는 건물이 지닌 원래의 특성을 고려하며 시대가 다른 3개의 건물 안을 독창적이고 개성 있게 만들었다. 호텔 복도를 걷다 보면 바닥과 천장의 높이가 자주 바뀌었는데, 양쪽이 맞물리는 층의 단차를 조금씩 달리해 절묘하게 하나로 연결했기 때문이었다.

이러한 분위기는 호텔의 공용 공간인 라운지에까지 이어진다. 객실에서 느꼈던 편안한 미감이 라운지 공간에도 자연스럽게 연결되어, 마치 한 공간에서 휴식을 취하는 듯한 기분이었다. 모든 요소들이 세심하게 조화를 이룬 라운지 공간은 호텔이 마련한 다과와 커피를 즐기며 조용한 시간을 즐기기에 안성맞춤이었다.

과거 상공 회의소였던 호텔의 레스토랑 공간은 이제 베르겐에서 첫 미슐랭 스타를 받은 대표적인 노르딕 퀴진 식당으로 자리 잡았고, 아침에는 이 멋진 공간에서 손님들이 편안하게 조식을 즐길 수 있다. 예사롭지 않은 레스토랑의 공간 디자인에 식사를 하면서도 눈과 마음이 즐겁다. 친절한 직원의 안내로 호텔 곳곳에서 누린 감각적 경험의 확장은 어느새 베르겐의 궂은 날씨를 잊게 해주었다.

이웃 나라인 덴마크나 스웨덴에 비해 노르웨이에는 아직 새로운 트렌드나 분위기를 느낄 만한 수준 높은 디자인 호텔 수가 적은 편이다. 하지만 최근 들어 공간 디자인에 신경을 쓴 호텔이나 숙소가 늘어나고 있어, 북유럽 디자인의 흐름에 적극적으로 발을 맞추고 있다. 베르겐에서는 보쉬 호텔이 부티크 호텔의 시작점이다. 합리적인 가격으로 디자인에 대한 영감은 물론 긴 여행 중 재충전의 시간을 선사하는 곳이다.

베르겐 보쉬 호텔 Bergen Børs Hotel
www.bergenbors.no

북유럽 그림과의 조우,
베르겐 미술관

언제부터인지 세계적인 명성을 지닌 미술관에 방문할 때면, 줄지어 서 있는 사람들 사이에서 의무감에 쫓기듯 그림을 감상하고 있는 나를 발견했다. 그 공허한 강박감은 너무 많은 것을 보려는 욕심 때문에 도리어 아무것도 제대로 보지 못한다는 불편함에서 오는 것이었다. 산책하듯 걷다가 진지하게 그림에 몰두할 수 있는 한적한 미술관의 매력에 마음이 닿을 무렵, 작은 호수를 부드럽게 마주한 채 4개의 건물이 호젓하게 이어져 있는 베르겐 미술관KODE을 만났다. 에드바르 뭉크의 강렬함에 가려져 다른 노르웨이 화가들을 살펴보지 못했던 갇힌 시선도 이곳의 낯선 작품들 속에서 점차 해방되었다. 베르겐 미술관은 노르웨이라는 나라에 대한 정서와 문화를 더 깊게 이해하고 존중할 수 있게 해준 새로운 창(窓)이 되어주었다.

계속되는 비 소식에 빈 하루가 갑작스레 주어졌다. 조금 이른 아침 우산을 챙겨 미술관으로 향했다. 눈길 가는 대로 자연스럽게 발길을 따라 둘러보던 중, 노르웨이 풍경화의 아버지로 불리는 요한 크리스티안 달Johan Christian Dahl, 1788~1857을 만났다. 폭포와 빙하, 피오르와 산, 고원이 모두 그의 그림 속에 담겨 있었다. 지난 피오르 여행에서 느꼈던 감동을 머릿속에 다시 떠올려보던 중, 낯익은 풍경과 조우했다. 풍경 전체를 담아내기 위해 멀리서 내려다보는 듯한 구도를 취한 화가의 시선 속에는 평온한 일상 위로 시원하게 일렁이는 거대한 빙하와 설산이 생생히 살아 숨 쉬고 있었다. 얼마 전 같은 장소에서 푸른 빙하를 밟던 순간 느꼈던 서늘한 공기가 묘한 청량감과 함께 눈앞에서 흩어졌다. 화가와 나는 각자 다른 시대를 살고 있지만, 같은 것을 보고 경험한 시각적 환희를 그림을 통해 만날 수 있었다.

〈요스테달의 뉘가드 빙하 Nigardsbreen in Jostedalen〉, 1844

베르겐에서 어부의 아들로 태어난 달은 형편이 어려워 정규 교육을 제대로 받지 못했다. 1811년, 마침내 후원을 받아 덴마크 코펜하겐으로 유학을 가면서 비교적 늦은 나이에 전문적인 미술 교육을 받을 수 있었고, 본격적인 작품 활동에 전념하기 시작했다. 1818년에는 독일 드레스덴으로 이주하여 예술 아카데미의 교수로 활동하면서 성공적으로 활동 반경을 넓혔다. 그는 비록 생애 대부분을 외국에서 보냈지만, 틈나는 대로 노르웨이의 드넓은 산천을 두루 돌아다니며 자신의 작품에 기록했다. 특히 노르웨이의 문화 예술 발전을 위해 노르웨이의 미술 컬렉션, 박물관 및 미술 협회를 만들며 노력한 사람이었다. 그가 소장한 미술품들은 모두 국립 미술관에 기증되었다.

달의 가장 유명한 작품 중 하나인 〈폭풍 속의 자작나무〉는 그가 에이드 피오르Eidfjord를 여행하면서 절벽에 단단히 붙어 있는 고독한 자작나무를 보고 묘사한 풍경으로, 노르웨이의 정신을 상징적으로 표현한 걸작으로 불린다. 노르웨이는 1960년대에 북해 유전 개발로 최고의 자원 부국에 올라서며 현재 비약적인 성장을 이뤄냈지만 과거에는 전 국토에서 농사를 지을 수 있는 땅이 2.8퍼센트에 불과할 정도로 척박한 환경이었다. 국민 대부분은 어업에 종사하며 가혹한 기후와 지형에서 힘든 역경을 겪었다.

거센 비바람에 흐느끼듯 나부끼는 나무의 모습은 쉽지 않은 시대에서 살아남기 위한 투쟁의 상징으로 보이기도 한다. 그림 속 자작나무는 폭풍의 고동 속에서 곧추 자라지 못하고 곡선의 모습으로 굽어 있지만 깊은 뿌리를 타고 짙은 초록색에서 원숙한 황금색에 이르기까지 무성한 잎을 흩뿌리며 적막 속에서 아름답게 차오르고 있다. 저 멀리 하얀 줄기로 뻗어오는 태양의 속살을 응시하며 나는 안도했다. 태양은 반드시 다시 떠오른다는 강인한 의지를 담은 메시지가 들려오는 듯했다.

〈폭풍 속의 자작나무 Birch Tree in a Storm〉, 1849

내가 언제나 기억하는 노르웨이의 여름밤 모습은, 빛과 색의 감미로운 움직임이 느껴지고 청량한 대기 중에 둘러싸인 싱그러운 에너지가 아렴풋하게 마음에 닿는 풍경이다. 새벽이 되도록 하늘과 피오르가 온통 풋풋한 초록으로 물들던 밤이었다. 마음이 산란할 때면 그때의 기분으로 돌아가기 위해 스스로 환기를 시키듯 하랄드 솔베르그Harald Sohlberg, 1869~1935의 그림을 찾는다.

그림은 하늘과 피오르의 경계가 구분되지 않을 만큼 초록 물결이 일렁이는 풍경이다. 테라스에는 방금 전까지 누군가 앉아 있다가 들어간 듯하다. 난간 위에 살포시 포개져 있는 블랙 코사지가 달린 우아한 모자와 테이블 위에 남겨진 하늘색 실크 장갑을 보니 시원한 여름 밤공기를 마시며 대화를 나눴을 두 남녀가 연상된다. 왼쪽 의자의 경계가 불분명한 것은 한 사람의 복잡한 내면과 쓸쓸함을 화가가 표현한 것인지도 모른다. 이 작품은 실제로 화가가 거주했던 오슬로 근교의 노드스트란다Nordstrand 빌라 난간에서 오슬로 피오르가 내려다보이는 풍경을 담은 것이다. 노르웨이 미술사에서 가장 중요한 풍경 화가로 일컬어지는 하랄드 솔베르그의 작품 속 공통된 키워드는 늘 노르웨이의 자연이었다.

베르겐 미술관 KODE
https://kodebergen.no

〈여름밤 Summer night〉, 1899

호숫가의 아름다운 풍광에 반해 언덕 위에 집을 짓고 살았던 한 음악가. 베르겐 도심에서 5km쯤 떨어진 남쪽 외곽 호숫가의 언덕에는 그리그의 생가가 보존되어 있다. 베르겐에서 단 한 곳만 방문할 수 있다면 어디를 가겠냐는 질문에 나는 두말할 것 없이 대답할 것이다. 바로 트롤하우겐Troldhaugen이라고.

트롤하우겐으로 가는 날은 다행히 비바람이 잠시 수그러든 잠잠한 날씨였다. 낮게 깔린 먹구름은 스산했지만, 한낮에는 가끔 햇살도 볼 수 있을 것 같은 기대감이 들었다. 푸릇푸릇 생기를 뿜어내는 숲을 따라 천천히 걷다 보니 작은 마을의 호젓한 평화로움에 이내 마음이 평온해졌다.

단정한 빅토리아식 2층 저택은 그리그가 아내 니나와 함께 1885년부터 22년 동안, 그의 생을 마감할 때까지 살던 집이다. 조심스레 발걸음을 옮겨 문을 열었다. 오래된 나무 벽을 타고 집안 가득 따뜻한 햇살이 비친다. 그 빛을 받으며 단단히 서 있는 자그마한 가구들과 곳곳에 놓인 고풍스러운 실내 장식을 따라 그가 쓰고 지우기를 반복했던 흔적이 남은 악보와 낡은 만년필, 평생 받은 편지와 초상화들, 그의 손길이 닿았던 집기들까지 옛 자태 그대로 이 집에 보존되어 있었다. 나는 음악가의 손때가 묻은 1892년 스타인웨이 피아노 앞에서 시선을 오래 멈추었다. 생전에 그가 음악회를 자주 열었던 거실은 지금도 그리그의 오래된 피아노를 연주하는 연주회가 열린다고 한다. 그의 사적인 공간을 둘러보는 동안 저편에서 피아노 소리가 나지막이 들리는 것 같은 착각이 들었다.

유명한 피아니스트였던 어머니로부터 음악 교육을 받았던 그리그는 15살 되던 해에 당대 최고의 바이올리니스트였던 올레 불Ole Bull, 1810~1880*을 만나게 된다. 올레 불은 그리그의 연주를 듣고 독일 라이프치히 음악원으로 유학을 권했고, 그의 음악 생애 전반에 걸쳐 큰 영향을 주었다.

평생 자신의 음악에 노르웨이의 향기를 담고 싶어 했던 그리그는 "바흐와 베토벤은 교회와 신전을 세웠다. 하지만 나는 모두가 편안하게 쉴 수 있는 집을 만들고 싶다."고 말했다. 그는 노르웨이 자연의 웅장함을 표현하기 위해 긴 작품을 쓰기보다는, 가곡과 피아노 소곡과 같은 비교적 짧은 작품들을 통해 짙고 서정적인 음색을 전하고자 했다.

밖으로 나서자 그리그의 집 아래쪽 호수 방향으로 작은 빨간색 나무집으로 된 별채가 조용히 자리 잡고 있다. 세상의 소란과 단절된 이곳은 그에게 창조의 숨결을 불어 넣던 은밀한 공간이자 음악의 세계를 누리던 안식처였다. 그는 이 작은 공간에서 얼마나 많은 몰입과 빛나는 순간들을 만났을까.

올레 불

올레 불은 노르웨이의 천재 바이올리니스트이자 작곡가로, 입센과 그리그를 극작가와 음악가로 자리를 잡도록 이끌어줬던 인물이기도 하다. 굉장한 재력가였던 그는 당대 예술계의 재능 있는 인재들을 발굴하고 지원하는 일에 매우 열정적이었다고 전해진다. 그는 베르겐 근교의 작은 섬을 매입하고 여름 별장을 지었는데, 작은 알함브라 궁전이라 불릴 정도로 이국적이고 아름답다. 현재 그 별장은 리쇠엔(Lysøen) 박물관으로 운영되고 있다. 5월부터 8월까지 일반인에게 공개되며, 9월에는 매주 일요일에만 오픈한다. 올레 불의 생가에서도 음악회가 자주 개최되니 시간 여유가 된다면 방문을 추천한다.

http://lysoen.no

곧 음악회가 시작할 시간이다. 트롤드살렌Troldsalen이라는 200석 규모의 음악당에서는 5월부터 10월 중순까지 매일 30분간 런치 콘서트를 열고, 6월부터 9월까지 매주 일요일마다 노르웨이 음악가들과 함께하는 여름 저녁 리사이틀이 열린다. 무대 뒤쪽의 창 전체가 유리로 되어 있어, 객석에서는 나무집 별채의 모습은 물론 그리그에게 영롱한 영감을 주었을 아름다운 자연 풍경들이 배경으로 보인다. 피아노 연주회는 그리그의 페르귄트 모음집 중 〈아침의 기분 Morning Mood〉으로 시작되었다. 모험가 페르귄트가 모로코에 도착하여 맞이한 아침 풍경을 묘사한 곡이지만, 내 눈앞에는 노르웨이의 숲과 조용한 새벽빛이 떠오르던 피오르가 펼쳐졌다. 연주회를 듣는 짧은 시간 동안 무대 뒤편의 창밖 풍경은 매 악장에 따라 다르게 변하는 듯 보였다. 〈산속 마왕의 동굴에서In the Hall of the Mountain King〉에서는 점점 빠르게 빙글빙글 도는 느낌의 악상들과 격정적인 건반 소리가 창밖의 빗소리와 함께 사방으로 퍼지는 듯했다. 〈솔베이그의 노래Solveig's Song〉의 아름답고 서정적인 선율에서는 자욱한 안개 속에 갇힌 호수와 물방울들이 흩어졌다. 빛, 햇살, 바람을 담은 소리가 사방으로 퍼지며 그렇게 밀물과 썰물처럼 반복되었다. 이날 나는 소복이 쌓이는 음악의 낯선 세계를 경험했다.

그날 음악당 뒤로 난 숲길을 따라 내려가 바라본 호수 풍경은 잊기 어려울 정도로 인상적이었다. 그리그는 가장 절친한 친구 프란츠 바이어Frants Beyer와 함께 호수에서 낚시를 하던 중 붉게 불타는 낙조가 절벽의 바위로 쏟아지는 광경을 보고는 "나는 저곳에서 영원히 쉬고 싶네."라고 말했다고 한다. 생전에 원하던 대로 그리그는 자신과 아내를 위한 마지막 휴식 공간으로 트롤하우겐이 내려다보이는 그 바위 안에 잠들었다. 베르겐 사람들에게 그는 단순히 과거의 사람이 아니었다. 그의 영혼과 맑은 음악은 여전히 베르겐 곳곳에 풍요롭게 존재하며 머물러 있다. 나는 그에게 깊고 짧은 묵념을 건넸다.

트롤하우겐 여행 정보

    트롤하우겐은 대중교통으로 가기에는 조금 불편한 위치에 있다. 시즌에 따라 베르겐 관광청에서 진행하는 가이드 투어 프로그램을 이용하면 전용 버스로 편안히 이동할 수 있으니 이를 추천한다. 하루에 한 번 진행되는 프로그램이라 사전 예약은 필수이다.

11:00 베르겐 관광안내소 건물 앞에서 출발

11:30 그리드 생가 가이드 투어

13:00 런치 콘서트

14:00 트롤하우겐에서 출발

14:30 베르겐 센트럴 도착

http://griegmuseum.no

NORWEGIAN DESIGN

노르웨이 디자인

VILLA STENERSEN
GREEN DESIGN
REGENERATION DESIGN
GUSTAV VIGELAND
DESIGN SHOPS

노르웨이 디자인

북유럽 디자인의 전성기였던 1950~60년대, 이웃 나라인 덴마크, 스웨덴, 핀란드가 가구와 세라믹, 유리, 섬유 등 각 나라를 대표하는 디자인 산업을 육성하는 동안 노르웨이는 북해 유전 개발로 석유 산업과 오일 펀드에 집중하고 있었다. 부유한 경제력을 축적한 이후에도 그간 열악했던 환경을 개선하는 과정에서 독자적인 디자인 정체성을 만드는 일이 빠르게 진행되지 못했고, 당시 국민들 역시 디자인에 대한 소극적 태도와 참여로 디자인 산업이 적극적으로 육성되지 못했다. 하지만 결핍은 오히려 새로운 가능성으로 발전하기도 한다. 1993년 노르웨이 디자인과 건축, 도시 개발에 중점을 둔 노스크 포름Norsk Form이라는 공공재단이 설립되면서, 정부는 디자인 산업을 지원하기 위한 적극적인 투자를 하기 시작했다.

여기에서 중요한 점은, 노르웨이 디자인의 방향이 경제적 가치보다는 국민들의 삶의 질 향상이라는 사회적 가치에 중심을 두고 있다는 것이다. 국민의 심미성을 키우고 생활에 활력을 주는 가장 효과적인 방법은 그 가치를 일상에서 누릴 수 있는 좋은 환경을 제공하는 것이라는 점을 강조하며 노르웨이는 현재 공공 디자인 구축, 예술 콘텐츠 육성, 공원과 문화 공간 등 도시 디자인에 많은 노력을 기울이고 있다. 가구 디자인 및 생활용품 같은 영역에서는 단번에 손에 꼽을 만한 디자이너를 찾기 어렵지만, 공공 디자인 및 환경에 대한 의식을 담은 '그린 디자인'이라는 키워드로 노르웨이의 디자인을 살펴본다면 놀라운 매력을 발견할 수 있을 것이다.

특히 노르웨이에서 건축 디자인 분야의 행보는 주목할 만한데, 지속 가능한 도시 개발을 목표로 건물에서 배출되는 온실가스를 50퍼센트 이상 줄인다거나, 건물의 철골 중 90퍼센트를 재활용 자재로 사용하는 등 에너지 절감에 필요한 친환경 기술을 차근차근 구축하며 다양한 시도를 하고 있다. 이와 같은 꾸준한 노력의 결과로 2019년에 오슬로는 '유럽의 녹색 수도European Green Capital'로 선정되었다.

"기존의 상황을 더 바람직한 상황으로 바꾸기 위한 행동을 고안해내는 사람이라면 누구든지 '디자인을 한다.'고 말할 수 있다." 노벨경제학상 수상자인 허버트 사이먼 교수의 말처럼, 나는 노르웨이 디자인에 담긴 의미를 또 하나의 각도에서도 해석하고 싶다. 노르웨이 사람들은 디자인을 소비자로서 만나는 것이 아니라, 자신의 라이프스타일에 맞는 삶의 방법으로서 의식한다. 즉 매일의 생활 속에 스며든 디자인을 이해하고, 일상의 작은 부분부터 적극적으로 디자인 라이프를 실천하고자 하는 것이다. 그래서 이 장에서는 노르웨이의 라이프스타일 속에 담긴 디자인, 그 평범한 삶 속에서 일어나는 디자인 이야기를 함께 전해보려 한다.

VILLA STENERSEN

빌라 스테네르센

빌라 스테네르센에 방문한 날은 청아했던 늦여름 향기가 선선한 가을로 접어들고 있었다. 무성하게 물든 나뭇잎들을 움켜쥔 나무 사이로 여유롭게 구획된 집들, 그리고 건물들보다 훨씬 큰 나무들이 있는 동네. 여백이 넓은 골목을 산책하는 일은 기분이 절로 쇄연해진다. 사색의 여유가 생기니 갈팡질팡했던 눈앞의 길도 선명해졌다. 느린 호흡으로 주위를 살펴보자 완만한 언덕배기에 고즈넉하게 잘 손질된 정원과 반듯한 직사각형의 빌라가 보였다.

당신이 살고 싶은 공간은
어떤 모습인가요?
빌라 스테네르센

롤프 스테네르센

롤프 스테네르센은 1920년대와 1930년대에 뭉크와 가장 가까웠던 친구이자 최대 후원자였다. 뭉크의 그림을 가장 많이 구입한 인물인 그는 외롭게 지냈던 뭉크의 말년을 곁에서 지켰다. 1944년에는 뭉크의 삶과 예술에 대한 전기 《에드바르 뭉크, 천재의 클로즈업》을 쓰기도 했다. 스테네르센은 1936년부터 자신이 소장한 많은 작품을 오슬로시에 기증했다.

빌라 스테네르센Villa Stenersen은 1937년에 미술 수집가이자 금융가 롤프 스테네르센Rolf Stenersen*을 위해 건축가인 아르네 코르스모Arne Korsmo가 설계했다. 당대 모더니즘 건축의 거장 르 코르뷔지에와 미스 반 데어 로에의 영향을 많이 받았던 코르스모는 노르웨이 건축에서 흔히 볼 수 있었던 기존의 질서와 관념의 틀을 깨고, 과감하게 그만의 해석으로 독창적인 형태의 건축 양식들을 발전시켜 나갔다. 빌라 스테네르센은 그런 코르스모의 대표작 중 하나이다.

당시 최고의 미술 수집가였던 스테네르센은 코르스모에게 건축 설계를 의뢰하며 주거 공간이면서 자신의 컬렉션을 보관할 전시 공간과 작업실이 갖춰진 집을 지어달라고 요청했다. 건축가는 규칙적이면서도 간결한 형태로 파사드와 평면을 자유롭게 활용한 공간 구성에 집중했다. 건물 내부가 구조에 영향을 받지 않도록 기둥을 건물 바깥으로 설계했는데, 이로 인해 건물의 전면 어디에든 수평으로 길게 연속으로 창을 낼 수 있어 당시에 주로 사용했던 수직창보다 자연광을 더 많이 받아들일 수 있었다. 갤러리 룸으로 사용했던 2층의 공간에 가보면 이곳을 열린 전시 공간으로 만들기 위한 특징이 더욱 두드러진다. 2층 외관에는 유리 블록을 사용함으로써 필터링된 빛을 통해 작품들이 직접 조명에 노출되지 않도록 배려했다.

하지만 시대는 그의 건축을 보고 냉소 섞인 반감을 표했고, 이 빌라가 동네의 경관을 해친다는 이유로 이웃들의 항의가 쇄도했다. 그러나 이용자에 대한 배려 없이 획일적인 건축물로 삶의 방식을 일관되게 규정하는 것보다, 집을 사용하는 사람의 라이프스타일과 가치관을 설계에 합리적으로 반영하는 것이 더욱 중요하다고 여겼던 코르스모의 신념은 변함이 없었다.

그는 겨자색과 녹색이 도는 노란색, 청색과 녹색을 즐겨 사용했는데, 특히 1층 로비에서 사용한 노란색 벽과 결합된 녹색 통풍구는 1930년대에 사용했다는 게 믿기지 않을 정도로 감각적이었다.

1970년대까지는 스테네르센이 시에 기부한 뭉크의 그림을 비롯한 동시대 미술 작품들이 별다른 보호 없이 그의 집에 걸려 있었지만, 현재는 보안상의 이유로 더 이상 고가의 예술품을 이 집에 보관할 수 없게 되었다. 계단에 있는 비겔란의 조각품이 현재 이곳에 유일하게 남은 예술품이다.

코르스모가 이 건물을 설계하면서 가장 중요하게 생각했던 공간은 바로 계단이었다. 이곳은 유명 컬렉터의 집답게 벽을 따라 뭉크와 피카소의 작품들이 걸려 있었고, 2층의 계단 중앙에는 조각가 구스타프 비겔란Gustav Vigeland의 1904년 작품인 〈어머니와 아이〉 조각상이 있었다. 건축가는 작품을 부드럽게 비추는 광선을 만들기 위해 천장에 625개의 작은 유리 실린더를 설치했다. 덕분에 이곳에는 서로 다른 푸른 색조의 자연 채광이 실내로 매끄럽게 들어오며, 그 빛은 기묘한 형태로 공간을 무한히 확장시키는 역할을 했다. 이를 통해 하나의 건물 안에서 시각적인 요소뿐 아니라 빛과 공간, 열림과 닫힘이 서로 교감을 이루며 어우러지는 건축의 기본 요소들을 여실히 느낄 수 있었다.

빌라를 돌아보며 그의 미적 감각을 엿보던 중, 한참이나 시선을 뗄 수 없었던 공간이 있었다. 바로 2층 갤러리룸의 구석에 숨어 있던 비밀스럽고 은밀한 서재였다. 조심스럽게 문을 열자, 서재의 한쪽 벽을 가득 채우고 있는 창이 제일 먼저 나를 매료시켰다. 마치 커다란 액자 속 그림처럼 탁 트인 시야의 풍경은 오직 나만을 위한 듯 방 안으로 쏟아졌고, 정원에서는 고개를 높게 올려다봐야 볼 수 있는 나무들이 내 눈높이에 맞추어 천천히 바람에 흔들리고 있었다. 문득 나이를 먹을수록 계절의 변화를 불현듯 확인하게 되었을 뿐, 그 계절을 향유하는 여유는 사라지고 있다는 생각이 떠올라 나는 조금 두려워졌다. 스테네르센이 이 방에서 느꼈을 매일의 기쁨과 자연이 주는 위안을 상상하며, 나는 부러움과 동경이 뭉근하게 뒤섞인 감정으로 서재 안을 서성거렸다.

'자기만의 방'이 있다는 것은 바쁜 세상에서 잠시 떨어져 나와 쉴 수 있는 작은 섬을 만드는 것과 같다. 마음의 감기가 걸린 날에는 기분 좋게 외로워지는 시간이 필요하다. 이곳에서 종종 스테네르센은 조용히 뒤엉킨 마음을 풀고 고요하고 온전한 시간을 보냈을 것이다.

빌라를 둘러보는 내내 건축가가 계속해서 말을 걸어오는 듯한 공간의 디테일이 자꾸만 마음을 술렁이게 했다. 기분 탓인지 약간은 상기된 얼굴로 2층 테라스 밖으로 나갔다. 사방이 열려 있는 이곳에서는 빌라의 푸른색과 하늘이 맞닿아 있었다. 잘 다듬어진 정원과 오래된 동네와의 조화에 마음이 따뜻해진다. 시간이 아무리 지나도 '누군가의 작은 우주'와 같다는 집의 명제는 변하지 않는다. 사람과 자연이 어우러져 살아 숨 쉬는 집. 그리고 그 속에서 일상이 시가 되는 날들. 그가 원했던 건축을 조금이나마 헤아릴 수 있을 것 같던 오후였다.

빌라 스테네르센 Villa Stenersen
www.nasjonalmuseet.no/besok/visningssteder/villa-stenersen

GREEN DESIGN

일상의 품격을 만드는 그린 디자인

우리 집 바로 뒤에는 논과 밭, 공공 빵집이 모여 있는 로세터가 있다. 농부와 예술가, 건축가 등이 만든 문화 공간인 이곳은 사설 농장이 아닌 시에서 직접 전일제 도시 농부들을 고용하여 팀을 꾸리고, 모두를 위한 도시 농장을 표방하며 다양한 유기농 농산물을 재배하는 곳이다. 이곳이 특별한 이유는 로세터가 있는 비요르비카 지역은 오슬로의 도시 개발이 집중 진행된 신시가지로 금융 기관과 오피스, 복합단지가 밀집되어 있는 곳이기 때문이다. 현대적인 고층 건물 밀집지인 이곳에서 적막한 공간이 아닌 이웃에 대한 관심과 상생의 활력을 만날 수 있었던 건, 다름 아닌 '공동체'에 방점을 두고 육성된 노르웨이 도시 농업의 역할이 컸다.

로세터Losæter에서는 지속 가능한 먹거리를 다루는 요리 수업 및 강좌를 정기적으로 운영하여, 많은 사람들에게 음식에 대한 철학과 식재료를 대하는 태도에 대해 메시지를 전한다. 학생, 약초학자, 제빵사, 양봉가, 농부 및 이곳의 자원봉사자들은 계속해서 농업 공동체를 개발하는 일에 힘을 쏟고, 이를 통해 자연스럽게 도시 농사 커뮤니티가 지속적으로 발전하게 된다. 그동안 알면서도 쉽게 시작하지 못했던 환경과 미래 세대를 위한 일들이 모두의 힘을 합친 작은 실천으로 이어진 것이다. 특히 로세터의 작은 언덕 위에 있는 플랫브레드 소사이어티Flatbread Society라는 공공 빵집이 중요한 역할을 하는데, 이곳은 도시 예술 프로젝트의 일환으로 공동체 간의 다양한 예술적 생산과 교류를 촉진하는 모임 공간으로 만들어졌다. 공공 빵집에서는 천연 발효종으로 빵을 만드는 수업, 식물을 키우고 씨앗을 채종 및 보관하는 교육, 발효와 자투리 공간을 이용한 상자 텃밭 등 각 주제에 맞는 프로그램들이 무료로 열려 시민들의 배움의 장소이자, 때로는 바이올린과 하프 연주가 열리는 작은 음악회의 장소가 된다. 예술과 자연을 접목한 이벤트들을 통해 지역 주민들이 자연스럽게 도시 농업의 가치에 관심을 갖고 즐길 수 있도록 장려하는 것이다.

여담이지만, 노르웨이인들은 기질적으로 내성적이고 수줍음이 많은 탓에 인간관계에서 서로에게 주는 여백의 공간을 중요하게 여긴다. 가족이나 가까운 친구들과는 막역한 관계를 유지하지만, 새로운 관계를 구축하는 데 있어서는 폐쇄적일 만큼 신중한 자세를 취한다. 이는 오랜 세월 동안 규모가 작고 지리적으로 고립된 환경에서 살아오면서, 전면적인 관계보다는 대면적인 관계 속에서 생활하던 노르웨이인들의 사회성에서 비롯된 개인주의적 성향의 영향일 것이다. 다른 사람을 방해하지 않는 것을 존중과 배려라 여기는 노르웨이인들은 예를 들어 흔한 버스 정류장에서조차 적정 거리를 두고 버스를 기다리는 장면을 연출하곤 한다.

정해진 프레임 안에서만 서로 교류를 했던 노르웨이 사람들은 개인주의를 보장하는 공동체 활동을 통해 함께 연대할 수 있는 대상을 찾는다. 그리고 그 공동체 안에서 다른 그룹의 사람들과 서서히 신뢰를 쌓아가며 타인과의 사회적 접촉을 늘리는 것이다. 독립적인 개개인인 동시에 서로가 적당한 거리를 두고 연결되는, 지속 가능하며 자발적인 공동체를 만드는 것이 노르웨이식 삶의 주안점인 셈이다.

가을이 되면 로세터에서는 매주 수요일마다 도시 농부가 주최하는 저녁 식사 자리가 열린다. 공동의 협업을 기꺼이 즐기고 참석을 원하는 사람이라면 누구든지 환영을 받을 수 있다. 로세터의 텃밭에는 약 75가지의 채소와 과일, 8가지의 곡물이 자라고 있는데, 사람들은 저녁 식사를 위해 채소, 허브 및 식용 꽃을 수확하고 벌통에서 얻은 꿀로 샐러드 드레싱을 만든다. 텃밭 귀퉁이에 7마리의 닭이 살고 있는 곳에서는 신선한 달걀을 얻고, 감자, 당근, 허브 등이 담긴 바구니도 어느새 묵직하게 채워지기 시작한다.

이곳의 메뉴는 사전에 결정되는 것이 아니라 사람들의 창의력과 아이디어로 그날의 메뉴가 준비된다. 묵묵한 노동과 싱그러운 제철 음식으로 준비되는 저녁은 느리지만 그 과정만으로도 이미 건강해진 기분이 들었다. 계절이 오는지 가는지도 모른 채 살았던 한국에서는 좀체 가져보지 못한 여유였다.

　　손님들이 각각의 개성이 담긴 향 좋은 채소들을 깨끗한 물을 가득 담은 볼에 넣고 씻을 때쯤이면, 공공 빵집에서는 오븐이 가열되고 전날 제빵사가 미리 반죽해놓은 빵이 구워진다. 정원의 야외 오븐에서는 거칠게 간 밀가루를 반죽한 후 납작하게 만들어 불에 구워 먹는 차파티Chapatti가 구워지기 시작한다. 샬롯을 듬뿍 넣은 비네그레트 드레싱, 아삭한 양배추 샐러드, 삶은 콩, 야채와 허브를 곁들인 뜨거운 수프, 구운 당근과 감자… 신선한 아스파라거스에 작은 버터 한 조각을 넣고 몇 번 흔들어 섞으니 고소한 향이 가득하다. 빵 위에는 식용꽃을 얹거나 식욕을 돋워주는 향 좋은 허브를 얹었다. 정원에서 키운 민트로 맛을 낸 신선한 티와 유기농 커피도 준비되었다. 자연스럽게 주름진 리넨 식탁보를 씌우고 야생화와 풀로 만든 작은 꽃다발들을 식탁에 놓으니 금세 화사한 기운이 테이블 위에 감돈다. 이곳에서는 손님을 초대할 때 아무리 많은 사람들이 모여도 일회용 제품을 쓰는 법이 없다. 음식이 놓일 공간에 애정을 갖는 것은 노르웨이 사람들에게 중요한 의례이기 때문이다. 이윽고 식기를 꺼내자 멋진 저녁 식사를 위한 준비가 모두 끝났다.

　　코끝을 자극하는 향기와 함께 식사가 시작되었다. 함께 음식을 준비하며 일종의 유대감과 공감이 생긴 것일까, 처음에는 서먹했던 사람들과의 마음의 거리가 한결 가까워진 듯했다. 도시 농부의 편안한 담소와 함께 모두가 저녁 식사를 위해 각자의 역할을 해준 것에 대해 감사함을 표했다. 아름다움과 예술은 이렇게 보이지 않는 곳에도 존재한다. 지속 가능한 내일과 공동체를 꿈꾸며 노력하는 삶, 노르웨이 사람들은 이렇게 행복의 균형 감각을 찾아가는 듯했다.

로세터 Losæter

http://loseter.no

비요르비카 즐기기

바다 수영장 쇠렌가

여름철만 되면 오슬로에서 가장 핫한 동네가 되는 쇠렌가Sørenga는 바다 수영과 일광욕
을 즐기는 사람들로 연신 유쾌한 무드를 뿜어낸다. 인공 모래사장이 있어 해수욕하기에
도 좋고, 바다 위에서 카약과 패들보트를 즐겨도 좋다. 허기가 느껴질 쯤에는 번즈버거
Bun's Burger에서 차가운 맥주와 수제 버거를 맛보자. '버거는 패스트푸드가 아니라 요리'
라는 콘셉트를 내건 곳인 만큼 좋은 재료는 물론이거니와, 개성 있는 맛의 버거 메뉴로
현지인들에게 인기가 높다. 후식은 노르웨이에서 가장 맛있는 아이스크림 가게 파라디
스PARADIS를 추천한다. 이곳의 피스타치오 젤라또는 여름의 맛 그 자체이다.

바다 사우나

오페라 하우스에서 쇠렌가로 가는 길에는 바다 위 사우나가 뗏목처럼 떠 있어 사계절 내내 근사한 경험을 선사한다. 바다 사우나의 묘미는 사우나에서 땀을 실컷 흘린 다음 차가운 바다에 입수해 몸을 식히는 것. 노르웨이 사람들은 추운 겨울에도 사우나와 얼음 수영까지 즐긴다. 사우나를 하기 위한 예약과 수영복, 타월은 필수이며, 2시간 단위로 사우나 전체를 렌탈한다. 사우나 가격이 부담된다면 지정된 시간대에 오픈하는 공용 사우나 프로그램인 드롭인Dropin을 이용하자. www.oslofjordsauna.com

걷고 싶은 거리

오슬로는 철저하게 '보행자 우선주의'인 도시다. 보행자가 언제나 통행의 우선권을 가지므로 신호등이 없는 공유 도로가 많고, 횡단보도 신호등이 빨간불일 때도 통행 차량이 없다면 길을 건너는 보행자들이 대부분이다. 특히 오슬로 시의회는 가장 도심부인 비요르비카에서부터 자동차 없는 도시를 위한 교통 체계를 정비했다. 주차 공간을 없애고 그 자리에 자전거와 보행로 거리를 넓히거나, 도심으로 진입하는 차선은 좁히고 교차로를 늘려 자동차의 진입을 의도적으로 불편하게 만들어 차가 아닌 사람 중심의 환경이 되는 도시 구조이다. 비요르비카까지 걷기에 먼 거리라면, 주저하지 말고 시티 바이크나 전동 킥보드를 이용해보자. 오슬로 시내에 대여소가 약 200곳이 설치되어 있어 편리하게 이용할 수 있다.

피오르 시티

오슬로시는 피오르 해안가를 따라 문화 예술의 축을 만든다는 도시 계획을 오랜 시간에 걸쳐 철저하게 준비해왔고, 그 건축 프로젝트의 막이 2020년부터 열린다. 새로운 뭉크 뮤지엄이 퇴이엔 지역에서 비요르비카로 이전하여 13층 규모의 웅장한 건물로 개관을 앞두고 있고, 비요르비카에서 멀지 않은 베스트바넨Vestbanen에는 노르웨이 국립미술관이, 그 끝에는 아스트룹 피언리 현대미술관이 자리한다. 북유럽에서 가장 현대적인 대도시의 면모는 물론 문화 예술의 향취가 더해진 오슬로 피오르를 만끽해보자.

동시대 건축 공학을 자랑하는 빌딩들과 오페라 하우스 사이에 위치한 다이크만Deichman-ske 공립 도서관은 그중에서도 특히 주목할 만하다. 이곳은 노르웨이가 추구하는 일상 속 공공 디자인이 무엇인지를 가장 가까이에서 체감할 수 있는 장소이다. '디자인 도서관'이라 불러도 손색이 없을 만큼 외부와 내부의 공간 모두 건축적 완성도가 뛰어난 이곳에서 방문객들은 몰입과 영감을 주는 휴식을 취할 수 있다. 또한 다이크만 도서관에서는 매년 한 명씩 총 100명의 작가로부터 미공개 작품을 받아 2114년도에 출판하는 '미래 도서관 프로젝트'가 진행 중인데, 아시아 작가 최초로 선정된 소설가 한강의 원고가 이곳에 봉인되어 있다.

오슬로의 남서쪽 가장자리에서 숲과 바다로 둘러싸인 뷔그되이Bygdøy 섬은 옛 노르웨이 왕실의 여름 별장으로 사용되었을 만큼 순수한 자연 풍광과 단단한 평화가 느껴지는 곳이다. 이곳은 17~18세기부터 상류층 사람들의 여름 별장으로 고요한 은신처 역할을 했고, 오랜 시간 동안 별장 건립만 가능한 채 도시 개발이 제한되었지만, 많은 시민들의 요청으로 현재 중앙 농장을 기점으로 비그되이 섬 남동부에는 주거 지역, 북서쪽에는 총 5개의 박물관과 자연 보호 구역으로 지정된 국립공원 및 해변 휴양지가 자리한다.

선선한 가을날, 하늘은 구름 한 점 없이 청명해 걷기에 더없이 좋은 날이다. 가을의 풍요로움을 즐기기 위해 30번 버스를 타고 뷔그되이로 향했다. 오슬로 중앙역에서 30분이 채 안 걸리는 거리지만, 이곳에 오면 왠지 모르게 시간이 더 넉넉하게 느껴진다. 달콤한 꽃내와 초록 숲의 환대를 만끽할 때쯤 사람들이 한 손에는 아름다운 꽃을 들고 자전거의 바구니 안에는 흙이 잔뜩 묻은 각종 채소들을 아기자기하게 담은 채 생기 가득한 표정으로 걸어 내려오는 모습을 발견했다. 마침 향긋한 호박 수프의 향이 풍겨왔다. 운이 좋게도, 뷔그되 콩스가드Bygdø Kongsgård의 유기농 시장이 열리는 날이었다.

뷔그되 콩스가드는 원래 노르웨이 왕실의 농장 부지였다. 왕의 요청에 따라 2004년부터 노르웨이 민속 박물관 재단으로 권리가 이전되었고, 박물관은 이곳에 유기 농업과 자연 및 문화 사업을 위한 지속적인 개발을 하기로 약속했다. 그렇게 이 거대한 땅은 새로운 도시 농장으로 재건되었다. 토마토와 포도가 자라고 있는 온실은 봄과 가을철 주말마다 방문할 수 있는 카페로 개조되었고, 꿀 생산을 위한 양봉장과 과수원, 축산업과 원예업을 하는 유기농 농장도 꾸려져 시민들이 도시 가까운 곳에서 자연을 즐길 수 있도록 했다.

이곳의 도시 농장은 원예 및 농업에 대한 강의를 열거나 유기농 장터를 운영하며 사람들이 일상생활에서 다양하고 지속 가능한 제품을 선택하도록 유도한다. 노르웨이 사람들 역시 농업의 가치에 대해 절대적 지지와 관심을 보내며, 로컬 푸드나 유기농 식자재 문화의 확산에 적극적으로 답한다. 사려 깊은 소비를 통해 다음 세대를 위한 바른 먹거리 유산을 전하고, 지속 가능한 농업의 성장을 위해 모두가 노력하는 것이다.

9월의 채소밭은 무르익고 풍성해져 저절로 매혹적인 풍경을 만들었다. 정원의 삶과 거리가 멀었던 나에게 이곳은 마치 생경한 천국 같았다. 까끌한 흙을 툭툭 털어내고 앙증맞은 채소가 얼굴을 내밀 때면 낯선 기쁨이 스며들었다.

사람들은 손수 필요한 채소들을 수확 후, 느긋하게 긴 줄을 서서 종류별로 무게를 담아 계산을 하고 장바구니에 담아간다. 부모들이 일하는 동안 아이들은 자연스럽게 자연을 즐긴다. 좋은 땅을 만드는 일을 곁에서 배우며 자란 이 아이들은 분명 마음 건강한 어른으로 성장해갈 테다. 어른, 아이 할 것 없이 밭에서 축제를 즐기던 날, 모두가 행복해지는 가을이다.

비그되 콩스가드 Bygdø Kongsgård

https://bygdokongsgard.no

뷔그되이 즐기기

뷔그되이는 노르웨이 민속 박물관, 프람호 박물관, 바이킹 박물관, 콘티키 박물관 등이 모여 박물관 섬이라고도 불린다. 따라서 최소 반나절 이상의 일정을 잡고 여유롭게 돌아보는 것을 추천한다. 뷔그되이 초입부에 있는 민속 박물관에서부터 섬 끝자락에 있는 프람호 박물관까지 도보로 15분 정도 소요되는 거리이므로 산책하듯 즐기기 좋다. 오슬로 패스를 소지하면 박물관 입장이 무료이다. 유명한 훅Huk 비치에 가려면 30번 버스를 타고 마지막 역에서 하차 후 직진하면 된다. 단, 다른 방향으로는 누드비치가 있기 때문에 아직 마음의 준비가 되어 있지 않다면 "Huk naturiststrand"라는 누드비치 안내문에 유의하자.

가는 법 오슬로 중앙역에서 30번 버스를 이용하거나, 여름 시즌에는 항구 아케르 브뤼게에서 비그되이로 향하는 페리로도 이동이 가능하다.

노르웨이 민속 박물관 Norwegian Museum of Cultural History

노르웨이인들의 삶의 양식과 전통을 시대별로 살펴볼 수 있는 노르웨이판 민속촌이다. 1500년대부터 현재에 이르기까지 노르웨이 전역에서 들여온 약 160채의 집들과 오랜 살림살이까지 충실히 재현해 놓았다. 집 안에는 노르웨이 전통 복장을 한 직원들이 뜨개질을 하거나, 살아있는 양과 소를 몰며 목장 일을 돌본다. 특히 인상적인 부분은 12세기 바이킹 시대 건축물인 스타브 목조 교회이다. 북유럽에서 가장 오래된 목조 교회인데 못을 하나도 사용하지 않은 채 전통 통판 목재로 지어졌다. 건축물은 검소한 루터교 정신을 이어받아 작고 아담하지만 기술력은 유네스코 세계문화유산으로 지정될 정도로 그 가치를 인정받았다. 용을 믿었던 노르웨이 토속 신앙의 흔적으로 교회 지붕 끝에 용 머리가 장식되어 있는 것도 흥미롭다.

주소 Museumsveien 10 **가는 법** 30번 버스를 이용하여 Folkemuseum에서 하차
홈페이지 https://norskfolkemuseum.no

프람호 박물관 Fram Museum

노르웨이 극지탐험가 프리드쇼프 난센Fridtjof Nansen이 북극점 인근을 탐험하기 위해 직접 설계한 프람호는 1893년부터 수년간 난센과 함께 북극해를 탐험했고, 1910년에는 탐험가 아문센Roald Amundsen에게 넘겨져 이듬해인 1911년 남극점까지 정복한 역사적인 국보급 문화재이다. 프람호는 1935년에 현재의 박물관으로 옮겨졌으며, 난문과 아문센 등 탐험가들이 극지 탐험을 하며 당시 사용했던 물건들과 체험관 등으로 구성되어 있다.

주소 Bygdøynesveien 39 **가는 법** 30번 버스를 이용하여 Bygdøynes에서 하차
홈페이지 https://frammuseum.no

콘티키 박물관 Kon-Tiki Museum

"우리가 이 항해에 성공하면 세계 역사가 바뀝니다."

콘티키는 노르웨이의 인류학자이자 탐험가인 토르 헤이에르달Thor Heyerdahl이 1947년 남미 페루에서 남태평양 폴리네시아까지 타고 항해한 배의 이름이다. 헤이에르달은 '옛날 남아메리카 원주민이 뗏목을 타고 남태평양으로 이동했다'는 폴리네시아인의 기원을 조사하기 위해 1947년 4월 28일부터 같은 해 8월 7일까지, 페루에서 고대 잉카인과 이집트인들이 만든 원형 그대로의 뗏목으로 만들어진 배를 타고 101일에 걸쳐 약 8,000km의 항해 끝에 폴리네시아에 도착했다. 그는 원시인들도 대양을 건너 여행할 수 있다는 것을 증명함으로써 남아메리카에 살았던 폴리네시아인들이 남태평양제도로 건너갔다는 학설을 입증했다. 이 탐험을 다룬 영화는 미국 오스카상을 수상했고, 그의 항해일지는 책으로 만들어져 전 세계 70여 개 국어로 번역되어 소개되었다.

주소 Bygdøynesveien 36 **가는 법** 프람호 박물관 오른쪽 대각선 건너편에 위치한다.
홈페이지 www.kon-tiki.no

URBAN REGENERATION DESIGN

도시 재생 디자인

바다가 반짝임을 되찾는 여름의 초입부터 도시의 공기와 소리는 빈틈없이 움직이기 시작했다. 풀냄새는 물큰하게 진동하고, 하루의 해는 길고 길어 아쉬움에 머뭇대도 여전히 밝은 빛이 쏟아진다. 여름이 마침내 찾아온 것이다.

겨울이 긴 노르웨이에서 애틋한 여름 시절을 보내며, 첫해 이 도시의 여름을 가장 피부로 느꼈던 곳은 항구가 있는 아케르 브뤼게와 튜브홀멘 지구였다. 햇볕이 좋은 날이면 도로에 쭉 늘어선 노천카페는 만석이 되고, 페리와 크루즈들이 정박해 있는 선착장은 근교 섬으로 피크닉을 떠나는 사람들로 분주함이 넘쳤다. 일몰 후에도 소음과 색채가 묵직하게 채워지는 이 지역은 늘 빛의 밀도가 한 겹 더 짙어지는 느낌이었다.

튜브홀멘 지구

: 바다 위의 미술관,

아스트룹 피언리 현대미술관

아케르 브뤼게Aker Brygge 의 잘 조성된 산책로를 따라 가볍게 걷다 보면 항구 끝으로 향하는 짧은 다리가 나오는데, 해안가의 육지와 이어진 작은 섬이 바로 튜브홀멘Tjuvholmen 이다. 섬 가장자리를 따라 조성된 고급 주택과 하얀색 요트들이 빼곡하게 정박해 있는 튜브홀멘은 현대적인 건물들과 바다의 풍광, 그 풍경이 녹아든 미술관과 야외 조각 공원이 한데 어우러져 방문객이 자연스레 자연과 접촉하게 된다. 짧은 해안가에서 일광욕을 즐기거나 바다로 뛰어드는 사람들을 지나쳐 미술관으로 향하는 길은 언제나 수줍은 낭만이 있었다.

마치 도시 안의 새로운 세계를 보는 듯한 이 지역은 사실 폐허가 된 부두와 창고가 있던 낙후된 항만이 장기적인 도시 재생 계획을 통해 문화 공간으로 재구성된 곳이다. 이어서 진행된 튜브홀멘 프로젝트 역시, 도시가 피오르로 뻗어 있는 가장 바깥쪽 지점에 버려진 컨테이너 항구를 오슬로 피오르와 도시 중심을 연결하는 공공장소로 전환하는 것을 목표로 했다. 튜브홀멘 프로젝트의 핵심 중 하나였던 아스트룹 피언리 현대미술관Astrup Fearnley Museum of Modern Art에서 시작된 이 지역의 새로운 개발은 노벨평화센터, 그리고 노르웨이 국립미술관이 아케르 브뤼게의 부둣가로 옮겨지는 과정을 통해 현재까지도 느리고 길게 그 영향력을 확대해가고 있다.

튜브홀멘에 가까워질수록 압도적인 외관이 시야에 입체적으로 다가온다. 탁 트인 바다 위에 커다란 선박이 정박된 듯한 유쾌한 형태의 건물이 바로 아스트룹 피언리 현대미술관이었다. 뉴욕 첼시의 휘트니미술관, 뉴욕타임스 빌딩, 파리 퐁피두센터를 설계한 세계적인 건축 거장인 렌조 피아노Renzo Piano의 건축물이다. 대형 목선을 형상화했다던 건축가의 의도대로 부드럽게 내려앉은 목재 외관과 하얀색의 얇은 강철 기둥이 마치 밧줄을 당겨 돛을 달고 항해하는 배의 형상을 닮았다.

바다를 사이에 두고 두 개의 전시동은 영구 컬렉션을 보관한 상설 전시관과 주제를 바꿔 가며 전시를 하는 기획 전시관으로 나뉜다. 오피스까지 총 세 개의 건물을 아우르는 이 미술관은, 분리된 세 건물을 두 개의 스트립 섹션을 통해 바다를 가로질러 유기적으로 연결하고 있었다. 건물의 유리 지붕은 바람에 부풀어 오른 돛처럼 보이기도 하고, 표면에는 바다의 하얀 거품이 반사되어 끊임없이 반짝거린다. 둥근 아치로 설치된 캐노피의 비대칭 경사면은 내부에서도 다양한 천장 높이를 만들며 전시관의 레이아웃에 영향을 주었다. 그 빛은 서로 깊이가 다른 음영을 만들며 공간을 더욱 차분하게 만든다.

미술관과 바다 사이에는 부드러운 바닷물이 넘실거리고, 어른들과 아이들은 미술관을 품은 바닷가에서 수영을 즐긴다. 그 옆에는 백조가 유유히 물살을 가르며 한갓진 곳으로 미끄러져 간다. 눈앞에 펼쳐지는 아름다운 풍경을 한참을 넋 놓고 응시했다. 이런 삶의 풍경도 있었다니, 마음이 울컥해져 간지러웠다.

미술관의 야외 정원에서는 낯선 감각의 조각들이 이어졌다. 눈앞에 쏟아지는 듯이 넘실거리는 바다 앞에 놓여 있는 조각들은 마치 서로 무언의 공모를 하고 있는 듯 강한 생명력이 느껴졌다. 그 사이를 헤엄치듯 걸어 다니며 나는 작품과의 완벽한 몰입을 만났다.

프란츠 웨스트

은빛 고운 모래 위에 초여름을 닮은 색을 띤 프란츠 웨스트(Franz West)의 작품은 항해의 상징인 앵커, 로프 및 구명 부표의 세 부분을 과장된 오브제로 만든 것이다. 작가는 단순한 시각적 감상의 범위를 넘어 관객이 직접 만지고 앉을 수 있는 행위와 경험까지 작품의 일부로 여겼다. 사람들은 이 작품 위에 자유롭게 앉아 휴식을 취하고 아이들의 놀이공간이 되기도 한다.

내부 전시를 관람하다가 자연스럽게 노출되는 옥외 테라스는 또 다른 열린 공간이다. 문이 열리자 순식간에 공기가 달라졌다. 테라스에는 몸이 거의 눕혀지도록 앉을 수 있는 의자들이 띄엄띄엄 놓여 있어 사람들은 이곳에서 책을 읽거나, 잠시 낮잠을 청한다. '미술관에서 이토록 편안해도 되는 걸까?' 나는 어색함에 쉽사리 편해지지 않고 마음이 쭈뼛댔다. 순간 시원한 바람 한 줄기가 가볍게 흩날렸다. 괜찮다고 말해주는 듯했다. 몸을 둥글게 말고 눈을 살포시 감으니 긴장된 신경이 누그러지며 마음이 가벼워진다. 우리는 늘 지나치게 경직되어 있어서, 우리에게 흘러들어 오는 행복을 무심히 보내버렸던 것은 아니었을까. 불현듯 완벽한 자유가 느껴졌다. 어쩌면 이것이야말로 진짜 여행일지도 모르겠다.

루이스 부르주아

여성의 신체를 모티브로 눈을 거대하게 형상화한 화강암 조각은 루이스 부르주아(Louise Bourgeois)의 작품이다. 루이스 부르주아는 인체를 파편화하고 재조합하는 작품들을 통해 존재에 대한 본질적인 질문을 던지는데, 이 눈은 지각의 상징이자 신체의 내밀함을 비추며 세상을 당당하게 마주하겠다는 그의 어떤 다짐이기도 했다.

안토니 곰리

기획 전시관에서 상설 전시관으로 연결되는 넓은 계단 앞에서 사람 형상의 조각이 미술관의 높은 외벽에 수직으로 배치되어 있다. 영국의 조각가 안토니 곰리(Antony Gormley)의 작품이다. 납으로 만들어 투박하고 날것의 느낌을 주는 인물 조각은 한정된 전시 공간을 벗어나 미술관을 오가는 사람들과 자연스럽게 마주한다.

어느덧 미술관은 붉은 노을에 포근히 감싸 안기기 시작했다. 한낮의 은빛 바다는 석양의 금빛으로 출렁였다. 자연과 예술이 조화를 이룬 미술관에서만 보낼 수 있는 최고의 산책이었다. 미술관은 건축가의 의도대로 자연스럽게 사람들을 건물로 끌어들였고, 예술 작품들은 일상의 장소에 흡수되어 다정하게 사람들을 품어주었다. 사람을 위한 예술, 미술관 이상의 공간이었다. 노르웨이에서 나의 여름은 이렇게 깊어가고 있었다.

아스트룹 피언리 현대미술관 Astrup Fearnley Museum of Modern Art
www.afmuseet.no

: 비밀의 숲, 트위스트 갤러리

오슬로 외곽에 자리한 키스테포스 지구Kistefos-museet Sculpture Park는 과거 산업 시대의 유물인 폐기된 목재 펄프 공장 부지에 디자인과 예술이라는 가치를 더해 새로운 공간으로 탄생한 업사이클링의 조각 공원이다. 강과 삼림 지대에 위치한 이 펄프 공장은 1955년에 문을 닫았지만 모든 기계와 도구는 그대로 남아 있던 상태였다. 1993년에 공장 창립자의 손자이자 노르웨이의 사업가, 미술 수집가인 크리스텐 스베아스Christen Sveaas는 이곳을 새롭게 예술과 휴식을 위한 공간으로 만들고자 그가 소장한 컬렉션을 기반으로 공공 박물관, 갤러리, 조각 공원을 점차 확대해왔다. 처음 몇 년 동안에는 노르웨이 작가들과 함께 전시를 열었고, 2005년부터는 세계적인 현대 미술가들과 협업해 이곳 조각 공원을 위한 독점 전시를 기획했다. 어둠과 먼지 속에 버려진 엔진 룸과 창고는 철거되지 않고 여러 예술가들에 의해 새롭게 매만져졌다. 이들은 과거의 공장에서 일어났던 산업 활동, 그리고 지역의 자연 및 역사 속에서 새로운 상상력과 영감을 얻었다. 방치되어 잊혀가던 공간에 예술의 숨결과 자연의 힘이 깃들자 이곳은 보다 넓고 깊게 숨을 쉬기 시작했다.

하지만 키스테포스 지구에는 약점이 있었다. 오슬로에서 북서쪽으로 약 80km 떨어진, 다소 먼 외곽에 위치한다는 것. 입지 조건이 좋지 않은 쇠락한 부지를 되살리기 위해 스베아스는 천천히 장기적인 마스터플랜을 세웠다. 과거의 기억이 공존하는 장소이자 미래를 위한 장소. 그의 목적은 자연과 건축을 접목해 새로운 예술의 패러다임을 제시하는 것이었다.

예측할 수 있는 도시의 공간에 익숙해져 있던 나에게 상상할 수 있는 여지를 주는 낯선 감각의 공간은 오랜만이었다. 아니쉬 카푸어, 올라퍼 엘리어슨, 페르난도 보테로등 세계적인 현대 미술가들의 작품 사이에서 독특한 입체감의 건축이 노르웨이 숲속에서 선명하게 빛나고 있는 것을 발견했다. 울창한 산림 한가운데로 구불구불한 랜드셀바Randselva 강이 흐르고, 다리인지 조각품인지 모를 뒤틀린 건물이 강의 남북을 잇고 있는 형태였다.

키스테포스 지구의 최신 프로젝트인 이 건축물의 이름은 '더 트위스트 갤러리The Twist Gallery'. 이름처럼 건물의 중간 지점이 비틀린 형태를 띤다. 그리고 그 위를 가로지르는 직선의 볼륨이 중앙 근처에서 90도 뒤틀려 환상적인 조각 형태를 만들어 내고 있었다. 건물의 모양은 시각적으로도 매력적일 뿐 아니라, 강의 양쪽 제방에서 높이가 다른 두 개의 강둑을 능숙하게 연결하는 조각 공원의 다리로서도 효율적인 인프라를 제공하고 있다. 이 건물은 미술관이자 강을 잇는 다리이며, 키스테포스 지구의 또 하나의 조각품인 셈이었다.

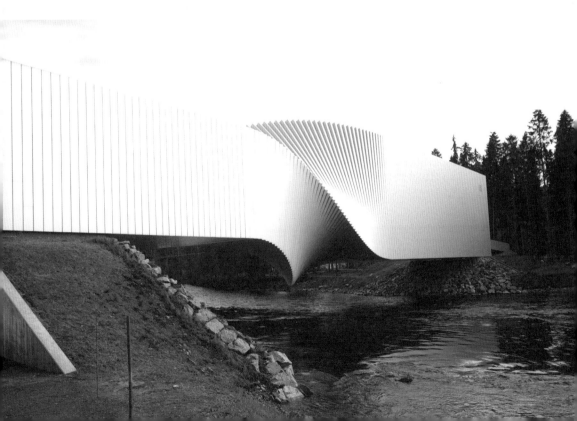

트위스트 갤러리의 본래 목표는 강둑의 양쪽을 순환할 수 있도록 하는 교량이었다. 이전의 오래된 다리는 새로운 다리가 필요했고, 이 과제에서 건축가는 기발한 방법으로 기능을 살리되 형태를 변화시켰다. 미술관이 평지가 아닌 다리의 형태가 된 것이다. 사람들은 이제 다리를 건너는 행위가 아닌, 강 위의 미술관을 경험하며 조각 공원 양쪽 모두의 산책을 완료한다. 노르웨이의 숲과 흐르는 강 속에서 현대 미술관은 자연의 일부가 되고, 관객들의 움직임까지 미술관의 또 다른 작품이 되었다. 오랜 시간 치밀하게 구상하여 자연의 언어를 연구했을 건축가의 수많은 고민과 조율이 오롯이 느껴졌다.

건물에 가까이 다가가자, 비틀린 부분이 아치 나선형으로 이루어졌을 것이라는 예상을 깨고 의외로 곡면 요소가 전혀 없었다. 직선의 알루미늄 패널을 중간 지점부터 사선으로 촘촘하게 배치해 세심한 꼬임 형태를 만들고 있을 뿐이었다. 이 독특한 미감의 비틀린 모양으로 인해 내부 전시 공간은 두 배로 늘어났고, 그림, 사진뿐 아니라 비디오아트를 표현하는 데도 흥미롭고 이상적인 공간이 만들어졌다. 특히 이 건물은 공원의 조각들 사이에서 존재만으로도 눈에 띄는 또 다른 조형이 되었다. 뒤집고 비틀어 보는 것, 발상의 전환이 준 선물이었다.

건물 외부의 볼륨은 내부의 공간에도 리듬을 만들었다. 압도적인 풍광 속 휘어진 건축을 경험하며 즐기는 갤러리는 작품을 새로운 방식으로 경험할 수 있도록 안내하는 역할도 했다. 창문이 없는 남쪽 방향은 벽과 기둥에 의해 나뉘는 수직 갤러리가 되고, 자연 채광이 쏟아지는 북쪽은 넓은 파노라마 창문에 의해 나뉘는 수평 갤러리가 된다. 창을 통해 강의 풍경이 눈앞에 시원스레 펼쳐지며, 건물 중간 지점으로 향할수록 뒤틀린 간극으로 인해 점차 강이 아닌 하늘을 보도록 기울어진다. 곧 건물의 천장은 채광창이 되어 햇살을 밝게 쏟아냈다. 그야말로 편안하게 살아 움직이는 듯한 건축이었다.

전시를 보다가, 또는 다리를 건너는 중에 벽이 천장으로 바뀌는 비일상적인 공간을 만난다는 것. 이러한 낯선 경험은 일상에 새로운 관점을 선사하고, 내면의 취향을 더욱 또렷해지게 한다. 노르웨이의 문화 공간들은 작지만 강한 조각들이 모여 커다란 자연의 라이프스타일에 자연스럽게 녹아드는 힘이 있었다.

계속해서 건물의 알루미늄 밑면은 지하로 연결되는 휴게실과 화장실의 천장이 되었다. 폭이 넓은 유리 벽을 통해 경계의 지점이 흐려지고 계단을 내려가면서 강 아래로 더 가까이 마주하게 된다. 아래로 내려갈수록 자연으로 더 깊게 몰입할 수 있도록 만든 설계였다. 끊임없이 순환하는 강물의 투박한 소리가 낯선 산책의 호흡을 오히려 부드럽게 만들어주었다.

공간 재생은 공간만 변화시키는 것이 아니었다. 사람들이 어떻게 공간 속에서 상생하고 타협하는지, 함께 고민하고 질문에 대한 답을 찾아가는 과정이었다. 나는 키스테포스 지구에서 과거와 현재, 그리고 노르웨이의 미래를 연결하는 통로를 함께 걸었다.

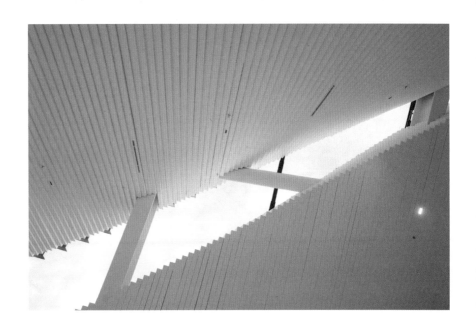

트위스트 갤러리 The Twist Gallery

www.kistefosmuseum.com

GUSTAV VIGELAND

구스타브 비겔란

이 도시는 사방에 구스타브 비겔란의 숨결이 배어 있는 듯했다. 그의 조각들을 처음 만났을 때 느껴지던 투명하고 견고한 마음, 서슴없이 다가오던 입체의 생명감 앞에서 성마른 성격의 나는 비로소 조금씩 침착해졌다. 고된 작업 속에서 느꼈을 예술가의 신념과 감정들을 떨리는 마음으로 더듬으며, 아무런 방해 없이 위대한 예술가가 남긴 삶 속을 마음껏 유영했다. 그렇게 건넨 소중한 마음이 다시 나를 향한 위로로 전해졌다.

대낮에도 어둑한 날씨가 계속되는 오슬로의 11월, 겨울이 성큼성큼 다가오고 있다. 이 시기에는 비가 눈치 없이 쏟아지는 탓에 항상 가방 속에 우산을 넣어 두고 나는 자주 비겔란 미술관The Vigeland museum으로 향했다. 가끔씩 몸을 움츠리게 만드는 날카로운 차가움이 이곳에만 들어오면 온몸을 따뜻하게 감싸주는 안온한 세계로 편안하게 바뀌었다. 고요하고 엄숙했던 공기 속에서 만난 방대한 수의 조각들은 웅장했지만 그 위용에 주눅 들게 하지는 않았다. 비겔란의 조각들은 빛과 각도에 따라 매번 새로운 모습으로 내게 인사를 건네는 듯했고, 관념적 형상에서 구체적인 형태로 만들어진 삶의 장면들은 강렬하고 선연하게 다가왔다.

미술관의 아틀리에 3층에 있는 비겔란의 집은 특정 날짜에만 대중에게 오픈을 하는데, 운이 좋다면 그가 살던 집도 둘러볼 수 있다. 그가 썼던 수천 권의 편지들과 소장했던 오래된 서적들, 비겔란이 직접 패턴을 디자인해서 만들었다는 카펫, 베개, 식탁보, 촛대 및 램프 등 이곳에서 예술가의 흔적을 생생하게 만나는 일은 마치 조각가의 집에 귀한 손님으로 초대받은 기분이 들게 했다.

1920년대 오슬로시에서는 가난했던 비겔란이 생계 걱정 없이 조각에 임할 수 있도록 평생 사용할 수 있는 주택 겸 작업실과 생활비 일체, 창작활동비와 조수 등 작업에 필요한 모든 것을 제공했다. 예술가가 배곯지 않고 창작 활동에 전념할 수 있도록 지원을 아끼지 않았던 당시 노르웨이 정부의 예술에 대한 신뢰는 공공 미술이 나아갈 방향에 대해 시사하는 바가 크다. 비겔란은 사후에 자신의 작업실을 미술관으로 공개하고, 모든 작품들과 연구서 전부를 오슬로시에 귀속해 영구 보존하기로 약속했다. 또한 비겔란 조각 공원의 입장료를 영원히 무료로 할 것과, 모든 작품은 외지에 반출하지 말아 달라는 유언을 남겼다. 이러한 이유로 현재 노르웨이 밖에 있는 비겔란 작품은 극소수이며, 대부분 그가 시 당국과 계약을 하기 전에 만들어진 초기 작품들이다.

　　1905년 노르웨이가 스웨덴으로부터 독립한 후, 노르웨이 정부가 제작하는 기념비적 조형물 건립이 활발해졌다. 이 무렵 비겔란은 작곡가 그리그와 극작가 입센의 흉상 등 당대 유명인들의 인물 조각을 제작하며, 인간의 심층적인 내면을 형상화하는 조각가로서 그 존재감을 드러내기 시작한다. 특히 노르웨이 소설가이자 여성 인권 운동의 선구자였던 카밀라 콜렉트Camilla Collect* 기념상은 끊임없이 투쟁했던 그녀의 쓸쓸하고 지친 내면의 고독을 정밀하게 묘사해 열광적인 평가를 받았다. 이어서 열린 기념물 공모전에서 비겔란이 구상했던 분수 조각 작품이 당선되자, 오슬로시는 프로그네르 공원Frognerparken에 들어갈 조각 작품을 전적으로 그에게 의뢰했다. 이때 주목할 점은, 당시 오슬로시가 공원의 설계 및 배치, 건축 계획에 있어 어떠한 개입이나 간섭도 하지 않고 오로지 작가 개인의 자율과 역량에 맡겼다는 사실이다. 이렇게 서로에 대한 믿음이 유기적인 조화를 이루어 조각 공원 공사를 성공적으로 이끌었을 것이다.

비겔란은 생을 마감하는 1943년까지 이 조각 공원을 위해 청동, 대리석, 화강암과 석고로 된 200여 점의 조각들을 쉼 없이 제작했다. 그는 개인적 명성에는 거의 관심이 없었다. 시대의 조류에 흔들림 없이 묵묵히 자신의 일관된 의지와 확고한 주관으로 작업에만 전념했다. 생에 함몰되지 않고 주어진 모든 것을 남김없이 소진한 조각가의 삶, 비겔란의 조각들을 보는 내내 카뮈의 글이 귀에 조용히 맴돌았다. 지루한 몰입의 과정들은 결코 덧없는 소멸이 아니었다. 높은 산의 꼭대기로 끝없이 바위를 굴려 올리는 영원한 형벌에 처한 존재이지만 스스로 택한 운명에 대해 직면하고, 무한한 노동 속에서 고귀한 성실을 체득한 행복한 시지프를 나는 이곳에서 오래도록 떠올렸다.

따사로운 햇볕이 쏟아지는 날에는, 굳이 미술관에 가지 않아도 야외 조각 공원에서 그의 작품을 만날 수 있다. 마치 그림을 그린 듯 아름다운 철로 세공된 8개의 문을 들어서자마자 푸른 잔디와 녹지로 둘러싸인 공원의 광막함이 펼쳐져 나는 잠시 숨을 가다듬었다. 잔디밭에는 아이들과 함께 나들이 나온 가족들이나 연인들이 한가롭게 쉬고 있고, 잔 가득 찰랑거리는 와인을 마시며 책을 읽는 사람들이나 나무 그늘 아래 비스듬히 누워 단잠을 청하는 사람들 등 모두가 저마다의 방식으로 조각 공원을 즐기고 있었다.

*카밀라 콜레트의 대표작 《지사의 딸》은 자신의 경험을 토대로 여성을 억압하는 결혼 제도와 남성 중심주의의 가부장적 질서를 비판한 작품이다. 입센의 《인형의 집》 집필에 직접적인 동기가 된 것으로 알려져 있다.

작은 호수와 묵직한 화강암 다리를 지나면 이 조각 공원이 탄생하게 된 계기가 된 작품인 분수 정원이 나타난다. 중앙에서 커다란 물줄기가 쏟아져 내리고, 건장한 여섯 명의 남자 인체상이 거대한 수반을 떠받치고 있다. 이는 살아온 삶의 궤적에 따라 각자가 감당해야 하는 책임과 그 무게에 대한 고뇌를 표현한 것이다. 수반을 둘러싸고 있는 20개의 청동상에는 유아에서 성장해 죽음까지를 의미하는 〈생명의 나무〉 조각군이 있고, 분수 주위의 벽 하단에는 〈생명의 프리즈〉라 이름 붙여진 부조 60개를 설치해 평범한 인생들이 우연히 이뤄낸 삶의 장면들을 담았다.

　이윽고 비겔란의 사상과 이상이 가장 집약된 작품인 모노리텐에 마주했다. 모노리텐의 뜻은 '사람 기둥'이라는 뜻으로, 높이 17m의 거대한 돌기둥에 121체의 인체들이 서로 뒤엉켜 위를 향해 올라가고 있는 남녀상을 표현한 것이다. 그 주위를 둘러싸고 있는 36점의 군상 역시 생명의 순환을 나타내며 인간의 탄생부터 죽음에 이르는 모습이 질서정연하게 표현되어 있었다.*

　비겔란은 모노리텐을 만들기 위해 우선 진흙으로 121명의 인체가 뒤엉켜 있는 거대한 군상을 실물 크기로 만들었고, 수입된 260톤의 석괴가 오슬로 항구에서 공원으로 운반되는 데도 반년이 걸렸다. 비겔란은 그가 가장 신뢰했던 3명의 제자들과 함께 약 13년에 걸쳐 이 조각을 완성했다고 한다.

　기둥의 가장 낮은 위치에 표현된 조각상들은 억눌리고 소외된 인간상들이 힘없이 누워 있는 모습이지만, 위로 올라갈수록 점차 삶의 활기를 되찾는 듯 움직이는 모습을 보이며, 서로를 연결하는 듯한 모습이다. 마치 "함께는 혼자보다 세다"는 공존의 메시지를 조각가가 작품을 통해 속삭이는 것 같았다.

　조각 공원 완성을 위해 온 힘을 다했던 비겔란은 완공 직전 작업실에서 세상을 떠났다. 그 후, 그의 제자들과 노르웨이 국민들의 전폭적인 지지로 비겔란 공원 혹은 프로그네르 공원이라 불리는 지금의 공원이 완성되었다.

　한 조각가의 오롯한 끈기와 통찰의 기록이 담긴 조각들 앞에서 나는 지금 어떤 삶의 조각을 새기고 있는지 천천히 되짚어보았다. 어쩌면 안주하고 있었을, 또 잊어버리고 미처 돌보지 못했던 내 조각의 일부들을 다시 매만지고 싶다는 생각을 하면서.

비겔란의 작품은 인간의 삶과 죽음까지의 생의 흐름을 윤회의 순환 고리로 표현하고 있다. 특히 사실주의와 상징적 표현이 결합된 그의 표현 기법은 동시대의 특정한 유파나 범주에 속하지 않는 독자적인 특성을 지닌다.

비겔란 미술관 & 비겔란 조각 공원 The Vigeland Park & The Vigeland Museum

https://vigeland.museum.no

Nobels gate 32, 0268 Oslo

DESIGN SHOPS

노르웨이의 추천 디자인 숍

"안목과 취향은 쌓이는 것이다"   NORWEGIAN DESIGN
일룸스 볼리후스

처음 집 가꾸기를 시작하려는 마음을 먹기까지는 꽤 오랜 시간이 걸렸다. 어디에서부터 어떻게 시작해야 할지 전혀 감이 잡히지 않았고, 막연하게 공간을 채워나가는 과정이 선뜻 엄두가 나지 않았기 때문이었다. 새로운 언어를 배우는 일조차 속성법만을 찾던 내게 집을 '잘' 가꾸는 일은 결코 단기 완성으로 이뤄지는 일이 아니었다. 북유럽 사람들의 라이프스타일을 가까이에서 지켜보며 그들의 공간에서 느낀 인상은 비슷하게 꾸며진 모습이 아닌 저마다의 성숙한 표정을 지니고 있다는 것이었다. 항상 반질반질 윤이 나고 매끈하게 정돈된 모습, 그 반듯하고 단정한 선들의 균형에 절로 태도가 가지런해지는 기분이 들었다. 그들은 종종 내게 말하곤 했다. '삶의 내부로 향하는 길은 바로 집에서부터 시작된다'고 말이다.

나는 이제 더 이상 그 출발을 '언젠가'로 미루지 않기로 했다. 아는 만큼 보이고, 보는 만큼 보이는 일은 예술에서만 한정되는 일이 아니었다. 아름다움에 대한 절대적인 기준은 없지만, 안목이란 꾸준한 관찰을 통해 고민하고, 경험해야 길러지는 것이다. 그리고 그 안목이 있어야 내가 무엇을 좋아하고, 나를 지속적으로 만족시킬 수 있는 것들이 무엇인지를 찾을 수 있게 된다.

"아는 만큼 보인다는 말도 있지만, '보는 만큼 보인다.'는 말도 있습니다. 많이 보게 되면 알게 되는 것이 많아지겠죠. 그렇게 알게 되는 것들이 모여서 자신의 안목을 형성합니다. 그 안목으로 작품을 새로 보게 되면, 이전에 보았던 것과는 다른 세계가 펼쳐집니다. 제대로 된 안목을 가지려면 첫째로 눈이 부지런해야 하고, 둘째로 다리품을 열심히 팔아야 합니다."

손철주,《속속들이 옛 그림 이야기》

일룸스 볼리후스 Illums Bolighus

www.illumsbolighus.com

Vikaterrassen, Haakon VIIs gate 10, 0161 Oslo

GlasMagasinet, Stortorvet 9, 0155 Oslo

그래서 한동안 틈만 나면 인테리어 숍으로 향했다. 모든 게 서투른 초보에게는 취향과 안목을 기르는 일이 첫 번째 임무라고 생각했기 때문이다. 개인이 운영하는 개성 강한 디자인 셀렉트 숍이 다소 부담스럽다면, 처음에는 누구나 쉽게 드나들 수 있는 편안한 공간을 찾는 것이 좋다. 일룸스 볼리후스Illums Bolighus는 과도한 응대 대신 조용한 배려가 있는 곳이라 혼자 시간을 보내기에 제격이다. 오슬로에는 도심 한가운데 위치한 비카테라센Vikaterrassen점과 글라스 마가신GlasMagasinet점 총 두 곳의 매장이 있어 접근성도 높다. 나는 이곳에서 천천히 여러 브랜드를 파악하고, 현지의 트렌드를 읽어내는 일부터 시작했다. 평소 여행을 다닐 때도 디자인과 관련된 상점은 꼭 둘러보는 편인데, 그런 의미에서 북유럽은 좋은 디자인을 일상에서 자연스럽게 접할 기회가 많았다.

덴마크에서 시작된 일룸스 볼리후스는 북유럽 디자인 브랜드를 총망라한 곳으로 가구, 조명, 그릇, 주방용품 등 규모 있는 브랜드를 한자리에서 만나볼 수 있는 커다란 리빙 백화점이다. 디자인 제품에 초점이 맞춰져 있다 보니, 여러 층마다 분야를 나누어 고가의 브랜드부터 합리적인 가격대의 브랜드까지 방대한 컬렉션으로 이루어져 있다. 한국보다 훨씬 저렴한 가격에 구매가 가능한 브랜드들이 많으므로 충분한 시간을 갖고 세심하게 살펴보는 것을 추천한다. 또한 노르웨이에 있는 대부분의 숍들은 과대 포장을 지양하는 편이라 섬세하고 정교한 선물 포장은 기대하기 어려운데, 이곳에서는 꼼꼼하게 포장까지 신경 써주는 편이므로 선물을 고르기에도 수월하다.

내가 생각하는 확고한 취향을 만드는 일은 여전히 진행 중이지만, 북유럽 디자인이 지닌 간결한 감각과 독특한 색감, 무엇보다도 시간이 흘러도 변치 않는 미감의 지속 가능한 제품들을 자주 접하면서 아름다움을 분별할 수 있는 심미안을 자연스럽게 기를 수 있었다. 모든 분야에 전문가가 될 수는 없겠지만, 오늘도 나는 경험한 만큼 보고 느낀다.

일상에서 누리는 삶의 디테일,   NORWEGIAN DESIGN

콜렉티드 바이

    인테리어가 주는 공간의 리듬을 즐기기 시작하자. 일상을 둘러싼 사물의 디자인이 이전보다 더욱 친숙하게 눈에 들어오기 시작했다. 그러자 나만의 기준을 세워나가면서 스스로의 취향을 찾아 물건을 구매하는 일도 훨씬 수월해졌다.

    이 도시에서 가장 좋아한다고 말할 수 있는 디자인 셀렉트 숍도 생겼다. 그뢰네로카Grünerløkka 동네 초입에 위치한 콜렉티드 바이Kollekted By는 덴마크 브랜드인 프라마Frama의 컬렉션을 만날 수 있는 스튜디오이기도 하다. 이곳의 문을 열고 들어서면 거리의 소음은 순식간에 사라지고, 마치 갤러리에 온 듯 편안하고 우아한 스타일링을 만날 수 있다. 나에게 이곳은 디자인 영감을 얻기 위해 갈 수 있는 최고의 장소였다.

    탁 트인 쇼룸에는 마치 양보다는 질을 높이라는 듯 간결하면서도 기능에 집중한 제품들이 여유롭게 공간을 차지하고 있었다. 직관적이지만 풍성한 양감이 느껴지는 디자인 가구들과 명도가 낮은 색상의 벽과 바닥이 묵직하게 분위기의 중심을 잡아준다. 안쪽의 커다란 창에서는 밝은 빛이 쏟아지고 그 아래 프라마의 주방 시리즈와 세라믹 소품들이 견고하게 자리 잡고 있다. 이곳의 물건들은 화려하지는 않지만 정갈하면서도 깊은 고급스러움이 느껴져, 오랫동안 곁에 두고 보고 싶은 마음이 생기는 것들이다.

특히 디자인 브랜드 프라마는 클래식한 데니시 디자인을 현대적 스타일로 재해석하여 '형태는 기능을 따른다'는 원칙을 브랜드 철학으로 내세우는 곳이다. 2011년 독일 베를린에서 첫 가구 컬렉션을 선보이며 나무, 금속, 유리, 도자 등의 내추럴한 소재를 바탕으로 인위적이지 않고 자연스러운 느낌을 사용자에게 전달하는 데 집중한다. 클래식과 모던 사이에서 은은한 절제미가 느껴지는 이곳의 제품들은 기본적인 기능과 목적에 충실하도록 고안되어 디자인의 색과 형태, 소재가 단순하지만 그 내공의 깊이가 다르다.

"하나의 과정으로 생각하는 거에요.
가구점에서 세트로 한번에 구입하기보다
원하는 물건이 나타날 때까지 기다려 보세요.
아름다운 추억으로 가득한 작은 박물관을 만드는 거죠."

프라마 설립자, 닐스 스트로어 크리스토퍼슨

물론 이곳에서는 프라마뿐 아니라 여러 브랜드의 다양한 제품군도 함께 갖추고 있어 각기 다른 상품들을 인테리어라는 큰 틀 안에서 연결시켜보는 재미가 있는 곳이다. 포기아Fogia, 아르텍Artek, 발레리 오브젝트Valerie Objects, 비트라Vitra, 아스텝Astep 등 콜렉티드 바이에서 엄선한 북유럽 디자인 가구와 조명을 고객 개개인의 취향과 라이프스타일에 맞게 제안해주기도 한다. 이곳 쇼룸에서는 일상적으로 사용하는 소품들과 가구들이 어떻게 공간을 빛나게 하는지, 그들이 추구하는 삶의 여백과 공간 디자인에 담긴 생활 속 예술이 무엇인지를 여실히 느낄 수 있다. 충만한 디자인 감수성과 함께 완벽한 시간을 보낼 수 있는 매력적인 곳이다.

콜렉티드 바이 Kollekted By

www.kollektedby.no

Schous Plass 7 A, 0552 Oslo, Norway

"똑같이 사는 사람은
단 한 사람도 없습니다"
볼리아

넓은 매장 곳곳에 자유로운 편안함을 선사하며 놓인 볼리아Bolia의 가구들과 소품들은 마치 유럽의 세련된 아파트를 그대로 옮겨 놓은 듯한 느낌을 준다. 이곳은 거실, 다이닝룸, 홈 오피스 등 실제 주거 공간처럼 제품을 스타일링하여 아늑하면서도 세련된 분위기로 공간을 꾸몄다. 볼리아의 쇼룸은 작은 공간도 서투르게 남기지 않는다. 식물, 인테리어 소품, 주방용품과 현관 인테리어까지 자연스러운 동선으로 고객이 직접 제품을 경험하고 공감해볼 수 있도록 공간을 구성했다. 이곳에서는 인테리어가 기본적으로 오감을 만족시켜야 한다고 강조한다.

"고객에게 진정한 의미의 브랜드 정체성을 인식시키고 싶다면 이상한 질문을 해야 합니다. 공간의 소리와 색은 어떻습니까? 공간에서 느껴지는 기분은 어떤가요? 어떤 냄새와 맛이 느껴지나요? 가구의 나무가 지닌 결과 감촉이 어떻습니까?"

인테리어를 연출하는 데 왜 후각, 미각, 시각, 청각, 촉각과 같은 모든 감각을 고려하는 것이 중요할까? 그 질문에 대한 답은 쇼룸에 들어서자마자 찾을 수 있었다. 넓은 규모지만 이곳의 모든 공간에는 고유의 향이 배어 있다. 내부에 흐르는 음악도 공간의 분위기를 결정하는 큰 요소였다. 브랜드와 어울리는 음악을 큐레이션하여 연출하는 세심함, 차와 달콤한 초콜릿까지 구비해 둔 다정함이 오감으로 느껴지는 가구의 아름다움을 더욱 빛나게 한다. 실제로 이곳 쇼룸은 판매를 독려하기보다는 브랜드의 전체적인 분위기를 전하고 그곳에서 고객이 영감을 얻으며 휴식을 제공하도록 설계되었다고 한다.

브랜드를 제대로 파악하는 가장 확실한 방법은 체험이다. 이곳에서 사람들은 자유분방하게 소파에 앉아 컬러와 소재를 느껴보고, 여러 가구들을 마음껏 사용해보며 브랜드에 대한 이해도를 높인다.

'No One Lives Like You'라는 슬로건으로 커스텀 메이드 가구에 주력하고 있는 볼리아는 고객의 취향과 라이프스타일을 발 빠르게 반영하는 곳으로도 유명하다. 2000년에 온라인 매장으로 시작해 현재 유럽에서 60개의 오프라인 매장을 운영하고 있는 성공적인 젊은 브랜드이기도 하다. 노르웨이에서도 인기가 높아 전국에 총 18개의 매장이 있고, 그중 4개의 지점이 오슬로에 있을 정도다. 특히 소파가 주력 상품으로, 고객이 원하는 커버의 색상과 소재를 직접 골라서 주문 제작을 하는 커스텀 메이드 방식을 통해 수백만 가지의 소파 모델을 완성할 수 있다는 것이 큰 장점이다. 컬러별로 다양한 소재의 샘플 천들이 쇼룸에 구비되어 있으니 평소 머릿속으로 그려냈던 각양각색의 소파 이미지들을 구체화하기에도 좋다.

볼리아 Bolia

www.bolia.com

Henrik Ibsens gate 18, 0255 Oslo

Thorvald Meyers gate 72A, 0552 Oslo

Verkstedveien 1, 0277 Oslo

'북유럽 인테리어'라고 할 때 흔히 떠오르는 미니멀한 디자인 때문에, 사람들은 보통 북유럽에서는 화이트나 무채색의 조화로 공간을 채울 것이라 연상한다. 하지만 사실 북유럽의 집들은 오히려 다채로운 컬러 매치를 적극적으로 활용해 공간에 리듬감이나 활력을 불어넣는 경우가 많다. 그 대신 벽면에 붙이는 장식이나 몰딩 같은 불필요한 마감을 생략해 균형을 맞춘다. 간결한 공간에 볼륨감 있는 가구를 놓거나 컬러풀한 소품과 패브릭을 쓰고, 존재감 있는 조명을 사용해 컬러와 소재만으로 공간에 임팩트를 주는 것이 북유럽의 인테리어 방식 중 하나이다.

일단 우리 집의 인테리어 콘셉트를 정하고 나니, 그에 맞는 색 조합 구성이 필요해졌다. '색의 조화'를 상상하는 감각은 비단 인테리어뿐 아니라 삶을 구성하는 여러 부분에서 필요하지만, 오래 써야 하는 집의 가구와 물건들을 고르는 일은 더욱 신중해진다. 처음에는 나도 공간에 색을 입히기 두려워 결국에는 무난한 색을 고르게 되는 경우가 많았지만, 다양한 색채를 지닌 여러 공간들을 돌아다니며 차츰 색에 대한 압박에서 벗어났다. 버건디를 사용한 우아한 인테리어나 낮은 채도의 옐로 톤과 브라운 계열 가구들과의 조화, 짙푸른 코발트블루가 어두운 톤의 목제 가구들과 잘 어울린다는 것 등을 배우면서 생각지도 못했던 컬러와 그와 잘 어울리는 의외의 조화를 발견하게 되었다.

나는 우선 내가 선호하는 컬러들을 바탕으로 메인 컬러를 정한 뒤, 포인트가 되는 보조 색상을 고르기 시작했다. 선택한 색에 확신이 들지 않을 때는 가벼운 패브릭 제품에 그 컬러를 먼저 넣어보았다. 쿠션, 러그로 시작해 침구의 컬러로 점차 확장해 가며, 조금 자신감이 생기자 가구에도 컬러를 넣어보았다. 적당히 활력을 주는 포인트 컬러들은 공간에 경쾌하고 산뜻한 분위기를 연출해준다. 그러니 누구든 일단은 컬러에 대한 두려움을 떨쳐내고 색에 대한 고정관념을 깨보는 것이 좋다.

　3대째 가업을 이어오고 있는 아 후스비A. Huseby & Co는 올해로 창립 130주년을 맞이한 디자인 숍이다. 1889년에 설립되어 1970년까지 자체 제작 가구 브랜드를 운영했고, 현재는 그 자손들이 가구 디자이너와 건축가로 활동하며 보다 규모 있는 인테리어 쇼룸으로 그 전통과 맥을 이어가고 있다.

　예전에는 칼 한센Carl Hansen, 프리츠 한센Fritz Hansen, 프레델시아Fredericia, 몬타나Montana, 구비Gubi 등 보다 정석에 가까운 스칸디나비안 스타일의 클래식하면서도 단정한 디자인 제품들을 주로 선보였다면, 현재는 이들이 추구하는 새로운 브랜드들과 유럽 각국 신진 디자이너들의 컬렉션도 찾아볼 수 있다. 과감하지만 과하지 않게, 절제와 균형을 적절하게 유지하는 북유럽 공간의 매력과 감각을 배울 수 있는 곳이다.

　현재는 오랜 세월 쇼룸을 운영했던 센트럴 지점에서 스코옌Skøyen으로 이전을 했는데, 이 동네는 크고 작은 숍들이 즐비하여 쇼룸과 함께 가볍게 주변을 둘러보기에도 좋으니 참고하자.

아 후스비 A. Huseby & Co

www.ahuseby.no

Karenslyst Allé 7, 0278 Oslo

북유럽의 집들은 대부분 거실과 주방의 경계가 모호하다. 가족이 머물고 대화하는 공간인 거실이 주방과 자연스럽게 연결되어 그 역할이 확장되는 것이다. 식사 시간이 아니더라도 키친의 오픈형 구조 안에서는 자연스럽게 사람들이 주방으로 모여들고 다이닝 테이블에서 많은 시간을 보내곤 한다. 궂은 날씨가 이어지는 겨울에는 대부분의 시간을 실내에서 보내며, 가족과 친구들을 정기적으로 집에 초대하여 모임을 가지는 실내 사교 활동이 활발한 영향도 크다. 이렇듯 주방과 거실이 자연스레 집의 중심 역할을 하는 북유럽에서는 주방과 거실 스타일링이야말로 가장 공을 들이는 공간이 된다.

한적한 로렌Løren 지역에 위치한 디자인 숍, 하우츠Houz는 2013년에 문을 열었다. 평소 좋아하는 카페가 건너편에 있어 사랑방처럼 함께 들리게 되는 숍이기도 하다. 이곳은 오너의 정제된 감각과 독창적인 디자인의 제품들이 멋스럽게 어우러져, 규모가 크지는 않지만 여러 가지 분위기의 거실과 주방 인테리어에 중점을 두고 기획되었다. 라이프스타일을 큐레이션한다는 콘셉트로 자연스러우면서도 고급스러운 소재와 디테일에 집중한 이곳은 마치 가구들끼리 서로 대화를 나누는 듯 물 흐르듯이 배치된 부드러운 디스플레이로 가구 하나하나가 깔끔하고 생동감 있게 돋보인다.

"기능에 충실하되 그 자체로 충분히 아름답고 돋보이는 가구를 사용하면, 공간의 포인트가 되는 오브제로도 자연스럽게 활용할 수 있어요." 이곳의 직원들은 여기에 공간을 결정짓는 최고의 오브제는 조명이라는 말도 덧붙인다.

펜던트 조명, 플로어 조명, 벽에 설치하는 조명과 테이블 등까지 각각의 쓰임과 용도를 파악해 제대로 사용된 조명은 평범한 공간을 새롭게 창조할 수 있다. 가구와 빛의 조화, 공간의 비율에 대한 중요성을 이곳에서 다시금 배운다.

하우츠 Houz

www.houz.no

Bøkkerveien 4, 0579 Oslo

어릴 적부터 나는 필요 없는 물건을 과감하게 버리는 것과 적재적소에 물건을 수납하고 정리하는 일이 익숙하지 않았다. 결혼 초에는 시간도 품도 많이 드는 집안일이 무한정 늘어나는 기묘한 노동처럼 느껴졌고, 부엌은 누군가의 땀과 고도의 정신노동이 수반되어야 하는 고단한 가사 노동의 공간일 뿐이었다.

하지만 그런 나에게도 조금씩 변화가 생겼다. 대단한 음식은 아니지만 소담한 음식으로 평범한 일상을 함께 나누는 여유, 작은 화병에 꽂은 테이블 위의 들꽃 등 일상적 공간 안에서 가꾸는 작은 아름다움들이 모여 북유럽 디자인의 근간이 된다는 것을 보고 느꼈기 때문이다. 이 평범한 진리를 깨닫고 나자 일상을 차분하게 끌고 가는 살림이라는 단어와 조금은 친해지고 싶어졌다. 우선 마구잡이로 몰래 쌓아 놓았던 부엌의 상부장을 과감하게 없애고 단순함을 콘셉트로 조금씩 주방을 나답게 꾸미기 시작했다. 그리고 시간 낭비라고 생각했던 음식을 만드는 일을 귀하게 여기자, 나의 사적이고 아늑한 부엌에 사람들을 초대하는 일도 즐거워졌다.

외국에서 살림을 시작하느라 적은 세간들로 꾸려놓은 점도 오히려 도움이 되었다. 한번에 물건을 사들이기보다는 천천히 다양한 물건을 써보며 신중하게 들인 물건들의 합은 시간이 지나면서 점차 제대로 된 물건을 고를 수 있는 안목으로 발전했다. 살림 경험이 바탕이 되지 않은 쇼핑은 종종 실패하기도 했지만, 북유럽에서 그간 살면서 수집하고 있는 그릇들과 살림 도구들은 항상 제 위치에서 저마다의 기능을 한다.

그릇과 주방용품, 식탁보와 테이블 매트, 나무 도마와 행주 등 매일 눈으로 보고 손으로 만지는 일상의 도구들에는 알고 보니 모두 작은 디테일이 숨겨져 있었다. 북유럽의 테이블웨어를 살펴보고 싶다면, 노르웨이의 대표적인 주방용품점인 키친KITCH'N과 조금 더 안목 있는 셀렉트숍인 바케 이 그렌센Backe I Grensen을 추천한다. 바케 이 그렌센은 1889년부터 시작한 오슬로의 대표 키친웨어 매장답게 독특하고 유쾌한 북유럽 디자인 제품들이 두 개의 층에 걸쳐 진열되어 있다. 로얄 코펜하겐Royal Copenhagen, 스카게락Skagerak, 펌 리빙Ferm Living, 이딸라Iittala, 세락스Serax, 잘토Zalto 등 특별한 테이블웨어를 찾는 사람들에게 추천할 만한 제품도 가득하다. 계단 중간에는 종종 세일 상품들이 진열되어 운이 좋은 날에는 의외의 보물들을 훌륭한 가격에 만날 수도 있다. 친절한 스태프들의 세련된 안목으로 채워져 있는 이곳은 심플하지만 훌륭한 품질의 식기들이 벽면 그릇장에 보기 좋게 진열되어 있고, 주방에 어울리는 생활 소품들도 함께 스타일링 되어 있어 보는 즐거움도 크다. 유명한 그릇들뿐 아니라, 품질이 좋기로 유명한 북유럽산 나무로 만든 다양한 수종의 나무 도마들을 만나보는 것도 추천한다. 조리 도구 시리즈들과 키친패브릭도 우수한 디자인은 물론이거니와 쓰임새가 좋은 물건들이 많으니 꼼꼼하게 살펴보자.

"가장 일상적인 것은 지구의 무게를 지닌다."라는 철학자 발터 베냐민의 말처럼, 지극히 일상적이고 사소한 것들에서부터 의미를 찾아갈 때 그것이 내 몸의 자존감으로 오롯이 돌아온다는 것을 어렴풋이 발견한다. 오늘도 나의 주방은 지루할 틈 없이 생활의 틈을 채워가고 있는 중이다.

바케 이 그렌센 Backe I Grensen
www.backeigrensen.no
Akersgata 45, 0158 Oslo

NORWEGIAN TABLE

노르딕 테이블

NORDIC QUISINE
NORWEGIAN COFFEE
BRUNCH TABLE

노르딕 테이블

덴마크의 레스토랑 노마를 선두로 식재료 본연의 순수한 맛과 심플한 조리법으로 일종의 자연주의를 표방하는 노르딕 퀴진이 노르웨이에도 영향을 미치기 시작했다. 과거 미식의 불모지로 여겨지던 노르웨이의 미식은 현재 계속해서 변화 중이다. 검소한 식생활로 이루어진 건강한 라이프스타일과 정직한 식재료에 대한 음식 철학 속에서 지난 몇 년간 이 도시의 식도락 문화의 성장을 만났다. 도시의 레스토랑들은 염장, 발효, 훈제, 절임 등 북유럽의 전통적인 요리법에 대해 끊임없이 연구하며, 노르딕 퀴진의 새로운 트렌드를 만들어 가고 있다.

NORDIC QUISINE

노르딕 퀴진

노르웨이 음식을 이야기할 때 흔히 떠오르는 높은 빅맥 지수의 편견을 깨고 '지속 가능한 식탁'과 '건강한 제철 식재료'라는 시선으로 이곳의 미식을 바라본다면, 보다 새롭고 독창적인 맛의 감각을 만나볼 수 있다. 지역 농부와의 상생을 통해 로컬 식자재와 제철 농작물을 사용하는 노르웨이의 테이블에는 광활한 숲에서 자라나는 야생 허브와 뿌리채소, 차가운 공기를 머금고 자라 맛과 향이 뛰어난 야생 베리, 북극의 청정 지역에서 잡아 올린 신선한 수산물까지 최선의 재료로 만들어 낸 싱싱한 맛의 즐거움이 가득하다.

이 장에서는 다양한 노르웨이의 음식 이야기를 통해 간접적으로 이 나라의 식문화를 체험해볼 수 있도록 했다. 그중에서도 지나치게 격식을 차린 파인 다이닝 레스토랑보다는 친근하지만 섬세한 모던 비스트로 스타일의 식당들을 선별하여, 기꺼이 비용을 지불할 만한 가치가 있는 곳들을 중심으로 소개한다.

북유럽과 한국의 식문화에는 공통점이 있다. 바로 '발효'에 대한 전통과 관심이다. 사실 발효는 전 세계 공통으로 인류와 역사를 함께해왔지만, 수산업이 활발했던 노르웨이는 수산물의 저장성 문제를 해결하기 위해 소금으로 절인 생선이나 말린 생선을 바이킹 시대 이전부터 수출해 왔다. 또한 춥고 어두운 북쪽 땅이라는 지리적 특성상 긴 겨울을 나기 위해 오래 보존해서 먹을 수 있는 음식이 절실했기에 자연스럽게 염장과 발효 식품의 긴 역사를 갖게 되었다. 예를 들면 한국에 삭힌 홍어가 있다면, 노르웨이에는 대구를 삭힌 루테피스크Letefisk가 있다. 말린 대구를 닷새 정도 양잿물에 담가두고 생선의 소금기와 단백질을 빼는 과정인데, 이때 대구는 투명한 젤리처럼 말랑해진다. 그리고 이 대구를 다시 며칠간 발효 및 숙성시키는 것이다. 발효 과정에서 미생물이 활동하여 양잿물의 독성이 사라지고, 알싸한 풍미가 가미된 코끝 찡한 톡 쏘는 맛이 나온다. 루테피스크에 대해 작가 라이언 스트라돌은 다음과 같이 썼다.

"라르스가 열여덟 살이 되자, 도저히 타협할 수 없는 루테피스크라는 전통에 품었던 인내심도 바닥난 지 오래였다. 그의 양손은 몇 차례의 대림절을 거치며 말린 대구를 양잿물에 푹 담가 온 통에 흉터투성이였으며, 그의 땀구멍과 손톱, 머리카락, 신발에서 뿜어져 나오는 역한 냄새는 더욱 지독해졌다. 의도한 바는 아니었지만, 루테피스크 만들기라는 비극적인 취미가 손에 익자 그의 솜씨가 비약적으로 발전한 것이다."

J. 라이언 스트라돌, 《위대한 중서부의 부엌들》

그리고 이어서 이런 대화가 나온다. "한 입만 먹어 봐. 조상님들이 이걸 드시고 긴긴 겨울을 이겨 내셨어." 노르웨이인들은 조상들이 남긴 발효의 전통에 대해 깊이 공감하고 있었지만, 기존 방식인 강한 훈제와 센 염장에서 오랜 시간 벗어나지 못했다. 하지만 최근 슬로우푸드를 테마로 한 식음료 시장이 활발해지면서 이들의 발효 전통은 보다 창조적이고 대담하게 발전하기 시작했다.

레스토랑 아이네르에 들어서면 짙은 초록색 문 너머로 보이는 단정한 뜰과 수줍게 숨겨진 듯한 작은 식당을 비밀스럽게 만날 수 있다. 오픈 주방에서 리듬감 있게 움직이는 셰프들의 모습이 마치 음률처럼 흐르는 이곳은 17세기에 지어진 건물에서 만나는 모던 노르딕 퀴진 레스토랑이다.

아이네르는 두 가지 코스로 구성된 단일 메뉴만을 제공하는데, 모든 메뉴는 제철 식재료를 활용해 매 시즌 바뀌는 것이 원칙이다. 비건 메뉴만으로 구성된 보타니카Botanica와 고기와 생선 요리를 제공하는 애니멀리아Animalia는 각각 4코스와 6코스 중에서 선택이 가능하다. 메인 셰프인 스베인 트란뎀Svein Trandem은 스톡홀름의 미슐랭 스타 레스토랑 엑스테드Ekstedt에서 경력을 쌓았고, 소믈리에인 사라 사라손Sara Sarasson 역시 오슬로의 미슐랭 스타 레스토랑인 마에모Maaemo 출신으로 메뉴와 어울리는 수준 높은 와인 페어링을 제공받을 수 있다.

드디어 메뉴의 첫 번째 요리가 시작되었다. 오징어와 메밀국수의 독특한 조합에 펜넬(회향)과 발효된 러비지Lovage 줄기를 얹은 후, 따뜻한 고기 육수를 부어준다. 국물의 맑고 깊은 감칠맛이 입맛을 한껏 돋운다. 북유럽에서는 그동안 오징어와 문어를 기피하는 경향이 있어 이들 식재료를 구하는 것에도 어려움이 있었다. 하지만 최근 노르웨이에서 낯선 재료였던 오징어가 새로운 변신을 하고 있다. 오징어를 끓는 물에 데친 후 곱게 채 썰고, 삶은 메밀국수를 얼음물에 담갔다가 건져서 섞으니 서로 대비되는 컬러에 음식이 한층 살아나는 느낌이다. 흰색 오징어과 짙은 갈색의 메밀, 그리고 푸른 허브들로 장식된 플레이팅은 마치 노르웨이의 숲속을 들여다보는 듯 감각적이었다. 위에 올린 러비지는 북유럽에서 많이 쓰이는 허브로, 구근부터 씨까지 버릴 것이 없는 식물이다. 샐러리와 향미가 비슷하지만 좀 더 진한 향을 머금고 있어, 러비지의 어린잎은 잘게 썰어 샐러드로 만들거나 생선과 고기 요리의 풍미를 살리는 향신료로 쓰인다.

"몸이 따뜻해졌나요?" 우리가 이곳을 방문한 날은 아직 겨울의 찬 기운이 남아 있는 2월의 날씨였다. 웨이터의 사려 깊고 상냥한 말과 함께, 다음으로 나온 메뉴는 송네 피오르의 프뢰야Frøya 지역에서 수확했다는 겨울 최고의 식재료 가리비 요리였다. 대왕 관자를 쌀누룩 오일에 조려서 부드럽게 만든 다음 가볍게 구워내어 조개의 단맛과 식감을 극대화했다. 천천히 씹는 동안 두툼한 관자에서 느껴지는 은은한 단맛과 살캉하면서도 단단하고 볼륨 있는 식감이 차례로 느껴진다. 씹을수록 고기만큼 담백한 풍미가 입안에서 부드럽게 엉켰다. 관자 아래에는 브라운 버터 소스와 달짝지근하게 절인 화이트 커런트 열매를 살포시 깔아 은은한 소스의 활력을 더했다. 북유럽이 원산지인 커런트는 구스베리와 같은 까치밥나무의 일종으로, 날카롭고 달콤한 맛이 난다. 관자와 어울리는 플레이팅을 위해 블랙이나 레드커런트를 쓰기보다는 탄탄하고 투명하면서 산도가 낮은 화이트커런트를 사용한 섬세함이 돋보였다.

노르웨이에서도 찬바람이 불면 생각나는 생선들이 있다. 북극권에 가까운 노르웨이 로포텐 지역은 세계 3대 어장 중 하나이다. 그곳의 특산물인 겨울 대구는 살집이 푸짐하고 육질이 탄탄한 맛이 일품이며, 특히 1~2월이 대구 맛이 가장 좋은 시기다. 겨울과 봄의 경계선에서 우리는 운 좋게도 갓 잡은 듯 신선한 대구와 명태구이를 만났다.

흰살생선 특유의 고소한 육즙이 입안에 가득 차면서, 결이 촉촉함을 머금은 대구 살의 단맛이 부드럽게 씹혔다. 대구는 어느 한 부분도 버릴 것이 없다는 웨이터의 설명에 암 그럼요, 하는 격한 동의의 의미로 고개를 끄덕였다. 도톰한 생선 살 위로는 대구의 꼬리와 케일을 섞어 얇게 튀긴 후 갈아낸 크리스피한 토핑을 더해 음식의 모양과 질감에 변화를 주었다. 곁들인 소스는 고급 식용 버섯인 뿔나팔 버섯과 갓 훈제한 베이컨으로 만든 버터 소스로, 다양한 풍미를 한데 모았지만 알아챌 듯 말 듯 은은한 풍미로 신선한 대구 본연의 맛을 해치지 않았다.

대구보다 지방 함량이 낮고 담백한 맛의 명태요리에는 대구요리보다 진한 향을 가미했다. 겉을 바삭하게 구운 명태 위에 트러플을 가득 얹고, 달콤하고 즙이 많은 그린 구스베리를 곁들었다. 발효되어 새콤하면서도 쌉쌀한 맛의 구스베리는 입맛을 산뜻하게 환기시켜준다. 바다의 풍미, 이어서 나무와 땅의 향이 묵직하게 혀끝을 자극했다. 마지막으로 샐러리악 퓨레와 진한 레몬 크림소스가 어우러져, 전체적으로 향긋한 조화를 이뤘다.

장밋빛의 오리 가슴살은 마지막 메인 요리였다. 버터에 익힌 양배추 안에는 향나무라고 불리는 주니퍼베리와 야생 마늘이라고도 불리는 곰파 케이퍼가 담겨 있어 오리고기 특유의 잡내를 잡아주는 동시에 매력적인 향을 풍겼다. 주니퍼 베리는 북유럽 요리에서 즐겨 활용되는 향신료로 거무스름한 열매 알갱이에서 후추의 맛과 은은한 송진 향이 난다. 향미를 돋우고 소화를 돕는 방향유를 함유하고 있어, 생선 요리는 물론 육류 요리에도 즐겨 쓰인다. 야생마늘이라고도 불리는 곰파는 2월과 3월 사이에 깊은 숲과 강 근처에서 자라는데 어린잎은 빻아 페스토로도 쓰이고, 잎이 완전히 자란 곰파 꽃봉오리는 피클로, 꽃이 떨어지기 시작하면 나타나는 향기로운 녹색 씨앗은 케이퍼를 만든다. 매력적인 산미와 짠맛, 톡 쏘는 향미는 마치 한국의 곰삭은 장아찌를 만난 기분이다.

나는 노르웨이의 겨울을 발효 음식의 향긋한 맛과 향으로 오래 기억하게 될 것 같다. 이곳에서 만날 다가올 여러 계절의 요리가 더욱 기대된다.

뒤뜰과 이어진 지하에는 와인 바(Einbar)가 있다. 전에 쓰던 200평방미터의 감자 저장고를 새롭게 만든 공간이다. 이곳의 와인 바는 구하기 힘든 소규모 생산자의 유기농 와인을 많이 보유하고 있다. 와인과 함께 곁들일 수 있는 간단한 음식 메뉴들도 훌륭하다.

레스토랑 아이네르 Restaurant Einer

www.restauranteiner.no

Prinsens gate 18, 0152 Oslo

채소를 바라보는 특별한 시선, 브루투스

NORWEGIAN TABLE

토옌Tøyen 지역의 조용한 거리에 위치한 브루투스Brutus는 내추럴 와인 바와 노르딕 비스트로를 새롭게 재해석해 만든 공간이다. 식당의 내부로 들어서면 공간을 리듬감 있게 채우고 있는 구리 전등갓과 벽에 달린 빈티지풍의 민트색 조명들, 부드러운 나무색의 테이블 사이 발랄한 컬러 의자들이 섞여 있어 밝고 경쾌한 분위기를 자아낸다. 멋을 부리지는 않았지만 가구와 테이블웨어 그리고 무심하게 천장에 걸려 있는 하이엔드 스피커까지, 무엇 하나 허투루 하지 않고 세심하게 매만져 브루투스만의 개성과 취향을 고스란히 담아낸 공간이다. 젊은 셰프들과 직원들은 요란한 브루투스 그래픽이 그려진 검은 티셔츠와 멜빵바지를 입고, 무뚝뚝하면서도 자상스럽게 손님들을 챙기고 있었다. 차림새는 마치 뿔투구를 쓰고 있어야 할 바이킹의 후예들처럼 터프한 모습이지만 수줍은 표정을 보니 저절로 미소가 번진다.

브루투스는 비건 식당은 아니지만 지역의 친환경 채소로 요리를 만들고, 작은 접시 안에 건강한 라이프스타일을 담아 손님들에게 제안하는 곳이다. 중간 유통 과정 없이 믿을 만한 소규모 농가와 직접 접촉하여 재료를 수급하기 때문에 그때그때의 식재료가 그날의 메뉴가 된다. 생산자와 밀접한 관계를 유지하며 공급받은 제철 식재료는 이곳 음식에서 핵심 역할을 한다. 농가들은 이런 브루투스를 위해 맞춤형 생산을 해주기도 하고, 셰프들은 보다 건강하고 멋진 요리를 만들어 이에 보답한다. 때때로 농민들이 날씨로 인해 농산물에 피해를 입게 되면, 브루투스에서는 정기적으로 요리 이벤트를 진행한다. 맛에는 문제가 없지만 크기나 모양에서 상품성이 떨어지는 채소를 활용한, 일명 '못생긴 채소로 만든 요리의 날'이다. 이벤트가 열리는 날은 페이스북을 통해 미리 공지를 하고, 조금 더 저렴한 가격으로 코스 메뉴를 구성해 손님들에게 대접한다. 브루투스에서 풍기는 자유롭고 캐주얼한 분위기는 지속 가능한 음식을 지향하는 이들의 철학과 어우러져 더욱 명확한 의미를 갖는다.

이곳만의 발효 프로젝트로 콤부차를 만드는 브루투스에는

젖산 발효한 과일과 채소들이 선반에 가득 놓여 있다.

독특하게도 브루투스에서는 메뉴에 요리 이름이 아닌 식재료 이름을 적는다. 예를 들어, 브로콜리와 안젤리카Broccoli and angelica, 릭과 머스타드Leek and mustard, 붉은 사탕무와 해초slow-cooked red beets, and seaweed 같은 식이다. 식재료만 보아서는 어떤 음식이 나올지 도무지 예측할 수가 없다. 이런 나의 호기심이 최대치에 다다랐을 때쯤 음식이 하나씩 나오기 시작했다. 화려한 소스나 테크닉과는 거리가 멀어 보였던 재료들이 브루투스 셰프들의 상상력과 창의력으로 과감하게 조합되어 눈앞에 놓인 작은 그릇 위에서 강한 개성을 뿜어냈다.

이곳의 셰프가 아이슬란드의 미슐랭 스타 레스토랑 딜Dill에서 경험을 쌓은 덕분에 아이슬란드 전통 요리도 종종 메뉴에서 만나볼 수 있다. 아이슬란드에서는 '플라트카카Flatkökur'라 불리는, 발효된 호밀로 만든 플랫 브레드를 즐겨 먹는데, 이 빵에서 미묘한 모닥불 향이 나기 때문에 겨울이면 유독 생각이 난다. 빵 위에 올린 분홍색 사탕무는 노르딕 퀴진에서 자주 만날 수 있는 식재료다. 밀도가 높은 채소라 저온에서 천천히 쪄낸 사탕무는 고기와 비슷한 질감과 맛이 느껴지고, 신선하고 부드러운 치즈와 짠맛이 있는 해초와도 완벽한 균형을 이룬다.

펑키한 음악이 흐르며 새로운 음식이 나왔다. '대구 혀 튀김과 대구알'이라쓰여 있던 메뉴였다. 대구 혀 튀김은 브라운 버터로 튀긴 대구알을 곁들이고, 얇게 슬라이스 한 샐러리악으로 덮여 있었다. 난생 처음 만난 새로운 음식 경험에 눈이 질끈 감겼다. 대구 혀는 독특한 향이 있어서 기름에 튀겼을 때 좋은 풍미를 낸다고 한다. 단백질이 풍부해 노르웨이의 보양식으로 쓰이는 식재료이기도 하다. 바삭하고 짭쪼롬한 튀김옷을 입은 대구 혀는 전혀 비리지 않았고, 쫄깃한 질감과 맛이 독특한 풍미를 전했다.

대구 혀 튀김과 대구알

플라트카카

신선한 채소에 초점을 둔 브루투스의 음식들은 내추럴 와인과 특히 좋은 시너지를 낸다. 노르웨이에서 내추럴 와인이 대중적으로 각광을 받게 된 지는 그리 오래되지 않았지만, 일시적인 유행이나 흐름으로 사라질 움직임이 아니기에 결코 늦은 것은 아니다. 정직한 먹거리에 대한 관심과 새롭고 개성 있는 소비를 추구하는 노르웨이의 식문화는 소규모 와이너리에서 친환경 농법으로 빚어낸 내추럴 와인에 관한 흥미로 자연스럽게 이어지는 듯했다.

"우리에게 중요한 것은 와인의 레이블이 아니라, 우리가 가지고 있는 내추럴 와인과 잘 어울리는 좋은 음식을 만드는 것입니다." 다양한 풍미를 가진 내추럴 와인처럼 때로는 개성 강한 메뉴도 존재하지만 그 맛은 결코 가볍지 않은 진지함과 열정으로 채워져 있다.

노르웨이의 풍취를 어디에서 맛볼 수 있을까 생각하면 순박하고 정겨운 이 곳의 요리들이 먼저 떠오른다. 어떤 맛을 살리고, 어떤 재료에 힘을 빼야 하는지 노련하고 정확하게 알고 있는 곳. 브루투스는 비건부터 세미 베지테리언까지 두루 만족할 만한 곳이다.

브루투스 **Brutus**

http://barbrutus.no

Eiriks gate 2, 0650 Oslo

북유럽 미식 문화의 현재,
아라카타카

처음 노르웨이에 와서 북유럽 음식에 대한 개념이 아직 생소했을 무렵, 접시마다 풍경과 계절이 가득 담겨 있던 이곳의 정교한 요리에 즐거운 탄성을 터뜨렸던 순간을 기억한다. 아라카타카Arakataka는 혁신적으로 음식의 트렌드를 만들어내는 곳은 아니지만, 미식의 변방에 있던 오슬로에서 꾸준히 새로운 식문화를 전파해왔다.

아라카타카는 오픈 키친을 중심으로 수요일부터 토요일까지만 운영하는 와인 가스트로펍과 매일 오후 4시부터 운영되는 비스트로 공간으로 나뉘어 있다. 현지인들로 항상 북적이고 테이블 간격도 다소 좁은 편이지만 직원들의 능숙한 서빙으로 식사를 즐기기에 불편함이 없다. 계절에 따라 바뀌는 메뉴들은 북유럽의 식용 꽃과 허브를 적극적으로 사용하므로, 이곳에서는 작은 꽃과 허브들이 촘촘하게 들어간 요리를 자주 만난다. 물론 세심한 조리만큼 맛에도 빈틈이 없다.

토마토 샐러드

　맥아와 펜넬이 들어간 천연 발효종으로 만든 투박한 빵이 먼저 테이블에 오른다. 수분을 지켜줄 갈색 캔버스 자루에 담겨 나온 빵은 노릇하게 잘 익은 황갈색의 바삭한 껍질로 둘러싸여, 쫀득한 속살에서 맥아의 구수한 향과 향긋한 펜넬의 풍미가 동시에 느껴진다. 특히 진한 향이 나는 휩 버터와 어우러지니 놀라울 정도로 맛있었다. 뒤이어 나온 토마토 샐러드 전채 요리는 통통하게 올라온 게살과 화이트커런트, 그리고 작고 달콤한 향기를 풍기는 엘더플라워 피클이 함께 어우러져 여름을 닮은 싱그러움이 입안 가득 남는 맛이었다.

팬케이크

블랙커런트 아이스크림

굴 요리

아라카타카 Arakataka

www.arakataka.no

Mariboes gate 7B, 0183 Oslo

나는 굴 애호가는 아니라서 평소 생굴보다는 살짝 조리된 굴을 좋아하는데, 이곳에서 그야말로 '굴의 미학'을 만났다. 마치 연못에 심어진 연잎 위에 차가운 이슬이 맺힌 것 같은 접시 안은 화사한 연둣빛으로 가득하다. 노르웨이에서는 식용꽃을 접하기가 쉬워 한련화라고 불리는 네스트리움이 자주 쓰이는데, 이 꽃에서 느껴지는 맵싸한 맛이 고소하고 산뜻한 굴의 풍미와 잘 어우러진다. 제철을 맞아 통통하게 살이 오른 굴이 달콤한 완두콩과 함께 스르륵 잘려 나가던 그 식감과 맛을 지금도 잊을 수가 없다.

이어서 나온 팬케이크는 감자로 만들어 포슬포슬하게 적당히 찰진 느낌의 팬케이크였다. 예쁜 이파리만 골라 딴 듯한 허브와 색색의 여러 가지 꽃들이 평범한 팬케이크를 화려하게 끌어올렸다. 추운 기후로 인해 밀 생산이 힘든 북유럽에서는 척박하고 냉량한 땅에서도 잘 자라는 감자를 주식으로 즐기는데, 노르웨이의 감자는 특히 구운 밤 같은 단맛이 느껴져 다양한 요리에 활용된다. 특히 노르웨이 전통주인 아쿠아비트Akuavit도 감자에서 증류한 술로, 으깬 감자를 몰트와 함께 섞은 후 최소 12개월에서 최대 12년까지 오크통에서 발효시킨다. 여기에 캐러웨이, 아니스, 회향, 딜, 카다멈, 등의 허브와 스파이스로 향을 더하면 아쿠아비트가 완성된다. 산뜻한 풍미 덕분에 보통 기름기가 있는 음식을 먹을 때 즐겨 마신다.

마지막으로 젖산 발효한 블랙커런트로 만든 달콤짭짤한 아이스크림으로 만족스러운 식사를 마쳤다. 자연에서 얻은 건강한 식재료들로 한 편의 시처럼 조합시킨 요리들은 화려함보다는 노르웨이를 닮은 수려함을 지니고 있었다. 미각뿐 아니라 미감까지 충족시키던 경험이었다.

그뤼네르뢰카Grünerløkka 지역은 오슬로 중앙을 흐르는 아케르셀바Akerselva 강
의 동쪽에 위치하고 있다. 역사적으로 오슬로의 동쪽은 그뤼네르뢰카를 기점
으로 과거 노동자 계급의 거주지였던 지역이다. 1840년대에 시작된 산업화의
가속으로 자본가 계층과 노동자 계층으로 분리되어 강을 중심으로 서쪽은 전
문직과 고소득층 혹은 부유한 주거 지역으로, 동쪽은 공장과 거주 지역이 뒤섞
인 채 노동자와 이민자들이 많이 살았다. 소설가 요 네스뵈의 작품에서도 극명
하게 표현된 당시의 사회적, 경제적인 도시 분리는, 타 유럽 도시들에 비해 비
교적 평등하다던 노르웨이에서조차 예외는 아니었다.

당시 도심의 외곽이었던 그뤼네르뢰카에 비싼 집세를 못 이겨 작업실을 구
하러 나온 예술가들이 모여들면서 이곳에 차츰 새로운 문화가 형성되었고,
1990년대에 들어서면서 자생적인 도시 재생이 일어나 한층 감각적인 동네로
성장하게 된다. 그리고 오늘날 그뤼네르뢰카는 젊은 세대가 가장 좋아하는 동
네이자, 형식에 얽매이지 않는 자유로움과 창조의 에너지로 가득한 곳이다. 크
고 작은 공원에서는 주말마다 빈티지 마켓이 열리고 유명한 카페와 바, 젊은
디자이너의 부티크 숍들이 골목마다 흩어져 있어 개성 있는 무드를 더한다.

그뤼네르뢰카의 역동적인 변화 속에서 가장 오래된 역사를 지닌 네드레 포
스 건물은 특별히 주목할 필요가 있다. 그뤼네르뢰카Grünerløkka라는 지역명이
1802년부터 밀을 보관했던 농장의 주인 프리드리히 그뤼네르Friedrich Grüner의 이
름을 따서 지어졌으니 말이다. 안타깝게도 과거 큰 화재로 인해 예전과 똑같은
모습으로 복원할 수는 없었지만, 대대적인 개조를 거쳐 아늑한 안마당을 중심
으로 지어진 디근 모양의 건물에는 레스토랑, 와인 바, 칵테일 바, 맥주 양조
장 등이 자리하고 있다.

이 건물에서 만날 수 있는 네드레 포스 고드Nedre Foss Gård는 대리석과 황동을 사용하여 노르웨이에서는 자주 보기 어려운 골드 빛의 인테리어를 갖춘 곳이다. 근사한 가구와 조명, 매력적인 테이블웨어, 커다란 창문에서 쏟아지는 빛이 만들어내는 공간은 마치 인테리어 매거진을 보는 듯 세련된 느낌을 자아낸다. 평일 저녁에는 4코스 메뉴 혹은 단품 메뉴 중 선택하여 식사를 할 수 있고, 와인의 종류, 생산지와 가격까지 다양하게 갖춘 내추럴 와인 리스트도 훌륭하다.

이곳의 디저트는 특히 감탄할 만하다. 노르웨이에서는 보통 파인 다이닝을 제외하고는 섬세한 디저트를 만나기가 어렵지만, 네드레 포스 고드의 디저트는 아름다운 장식이 더해져 맛과 감각 모두를 만족시킨다.

네드레 포스 고드가 성공적으로 인기를 끈 요인 중 하나는, 주말에만 맛볼 수 있는 합리적인 가격의 브런치 테이블 덕분이다. 오후 12시부터 4시까지 운영되는 브런치 시간에는 오슬로의 감각 있는 젊은이들이 모여 마음이 맞는 친구들과 도란도란 이야기를 나누며 여유롭고 풍성한 오후의 시간을 만끽한다. 브런치를 주문하면 식전 빵을 시작으로 양고기, 오리고기 크로켓, 세비체, 비프 타르타르 등 정성스러운 식재료를 활용한 5~6가지 음식과 커피와 디저트가 인원수에 맞춰 준비된다.

　　네드레 포스 고드 식당에서 갓 구워낸 양고기 스테이크는 특유의 고릿한 향이 없고 육즙과 풍미가 굉장했다. 감자와 당근, 그리고 버터에 가볍게 볶아낸 케일렛Kalette(케일보다 덜 쓰지만 쌉싸름한 맛과 방울양배추 특유의 단맛을 모두 가지고 있다)도 고기와 함께 곁들이기 좋았다. 노르웨이에는 순록 고기, 야생 사슴 고기 같은 한국에서는 접하기 어려운 독특한 식재료들이 많다. 처음에 '산타의 루돌프'가 연상되는 순록을 먹는다고 들었을 때는 일종의 반발심이 들기도 했다. 하지만 북유럽에서 순록은 우리네 농경 문화에서 중요한 살림을 담당했던 소와 같은 맥락이다. 젖을 짜 우유와 치즈 같은 유제품을 만들고, 높은 산과 혹독한 추위의 환경에서 중요한 운송 수단이 되어주고, 가죽과 뿔로 옷감을 제공해주는 친숙한 동물이었다. 노르웨이 원주민인 사미족은 지방 함량이 낮고 단백질 함유량이 높아 긴 겨울에 풍부한 영양소를 얻기에 좋았던 순록 요리를 즐겼는데 그 전통이 지금까지 이어져 내려온다. 보통 크림소스를 넣고 스튜처럼 즐기거나, 스테이크로 요리해 부드럽고 담백한 맛을 즐긴다. 고기의 진한 향을 덜어내기 위해 매시드 포테이토나 링곤베리를 으깨 만든 소스 또는 잼을 곁들여 먹기도 한다.

양고기 또한 여러 세대에 걸쳐 내려온 노르웨이의 전통 식문화이다. 노르웨이에서는 사유지가 아니어도 양들을 자유롭게 방목해 키우기 때문에, 이곳의 양들은 드넓은 산속을 자유롭게 돌아다니며 영양소가 풍부한 풀을 먹으면서 자란다. 양들이 최고의 환경에서 자라고 있으니, 양고기의 품질이 훌륭한 것도 놀라운 일이 아니다. 노르웨이의 전통적인 양고기 요리 중에서도 양배추와 양고기를 통후추와 함께 끓여 먹는 포리콜Fårikål이 대표적인데, 고기가 완전히 부드러워질 때까지 끓인 후 삶은 감자와 함께 곁들여 먹는 음식이다. 특히 9월의 마지막 목요일은 '포리콜을 먹는 날Fårikålens dag'로 지정되어 있을 정도로 노르웨이 사람들의 포리콜 사랑은 지극하다. 크리스마스 시즌에는 소금에 절인 훈연한 양고기를 오랜 시간 쪄낸 피네숏Pinnekjøtt을 즐기는데, 서부와 북부 지역의 전통 음식이지만 많은 노르웨이 사람들이 애호하는 음식이기도 하다. 최근 한국에서도 양머리를 잘라 훈제한 노르웨이 전통 음식 스말라호베Smalahove가 화제가 된 적이 있다. 스말라호베 또한 전통 음식이지만, 사실 먹을 것이 귀하던 시절의 부모세대가 아니면 접해보지 못한 경우가 많다.

노르웨이가 가난했던 시절, 양고기를 뭉근하게 푹 고아 여러 사람이 배불리 먹을 수 있는 음식이 필요했고, 단백질과 기름기를 보충하기 위해 스말라호베와 같은 고기 요리들로 영양을 보충해야 했다. 기후와 지리적 특성, 환경에 따라 각 나라마다 특징 있는 요리가 발달하게 되는 것은 자연스럽다. 그리고 각 민족의 독특한 음식 문화에 대한 이해는 그 나라에 대한 깊이로 이어진다.

네드레 포스 고드 Nedre Foss Gård

www.nedrefossgaard.no

Nordre gate 2, 0551 Oslo

　　노르웨이의 일요일은 식당을 제외한 대부분의 상점이 영업을 하지 않는다. 근로자의 휴식권을 보장하기 위해 법적으로 공휴일과 일요일에는 특정 크기 이하의 소매점만 열 수 있다. 소비자를 위한 편의 차원에서 열리는 편의점 및 요케르joker라 불리는 작은 슈퍼는 일반 마트보다 가격이 비싸므로 꼭 필요할 경우에만 들른다.

　　모두가 함께 쉬는 일요일은 적당한 여유가 흐른다. 그중 유독 많은 사람들로 활기 넘치는 곳이 있다. 바로 네드레 포스 고드 건너편에 멋스럽게 자리 잡은 붉은 벽돌의 건물 마탈렌Mathallen이다. 나는 일요일이면 종종걸음으로 집을 나와 마탈렌의 빵집에서 호밀빵을 사는 것으로 아침을 시작한다. 좋은 재료로 만들어 구워지는 빵을 보는 것만으로도 주말의 아침이 근사해지는 기분이 든다. 커피 한 잔을 즐긴 후, 접어온 시장 가방을 펼치고 천천히 마탈렌을 구경한다.

　　오래된 제철소를 개조한 이곳에는 개성 있게 꾸며진 판매 부스를 따라 신선한 식료품점과 여러 국적의 음식을 파는 소박한 식당들이 모락모락 맛있는 연기를 내뿜으며 이국적인 비주얼을 뽐낸다. 이곳에서는 마음 가는 대로 장을 보고, 굳이 맛집을 찾지 않아도 자연스레 단출하지 않은 요기를 하며 다양한 즐거움을 만난다.

　　이제 마탈렌에서도 제법 단골 가게들이 생겼다. 훌륭한 품질을 자랑하는 정육점과 싱싱한 해산물을 구입할 수 있는 가게, 다양한 이탈리안 식재료를 파는 델리Smak av Italia와 유기농 치즈 가게는 매번 잊지 않고 들르는 곳이다. 마탈렌이 위치한 옆 건물에는 미슐랭 원스타 레스토랑 콘트라스트Kontrast도 있으니 참고하자.

마탈렌

https://mathallenoslo.no

Vulkan 5, 0178 Oslo

노르웨이의 저녁은 오후 4시부터 시작된다. 직장인들의 퇴근 시간이 되면 한적하고 조용한 동네가 천천히 활기를 띤다. 낮이 짧은 겨울의 오후 4시는 어둠이 내려앉는 낮과 밤의 희미한 경계의 시간이기도 했다.

내가 가장 좋아하는 동네 식당인 스말한스는 직장인들의 퇴근이 시작되는 4시가 되면 가장 바쁜 시간이 된다. 이 식당은 일상의 음식을 콘셉트로, 매일의 메뉴를 바꿔 선보이는데 오후 4시부터 저녁 6시까지 진행되는 '이번 주의 가정식 요리'는 짧지만 빈틈이 없는 시간으로 늘 현지인들에게 인기이다. 한 주가 시작되기 전, 일주일의 메뉴를 미리 홈페이지와 페이스북, 인스타그램을 통해 공지하므로 내가 좋아하는 메뉴가 있는 날에는 달력에 미리 표시를 해두고, 기쁜 기대감으로 식사를 즐긴다.

가정식의 백미는 역시 푸짐한 인심이다. 메뉴는 매일 달라져도, 실속 있는 가격으로 차려지는 음식의 높은 퀄리티는 매번 같다. 스말한스의 음식은 기본적으로 북유럽 요리에 뿌리를 내리고 있지만, 세계 여러 곳에서 영감을 받은 다양한 요리도 자유롭게 담아낸다. 어떤 날에는 한국의 비빔밥도 만났다. 멕시코의 타코, 영국의 셰퍼드 파이, 프랑스의 비프 부르기뇽까지. 요리 실력이 형편없던 시절, 한국 음식이 그리울 때면 이곳의 익숙한 듯 낯선 음식들 사이에서 일종의 해방감을 느꼈다. 다채로운 풍미 속에서도 이곳의 음식은 늘 좋은 재료의 배합과 균형이 잘 잡혀 있어, 그리운 한국 밥상을 잠시나마 잊을 수 있었다.

이곳에서 노르웨이 전통 음식을 만날 수 있는 날은 더욱 특별하다. 포리콜 Fårikål, 피네쇳Pinnekjøtt, 루테피스크Lutefisk 같은 노르웨이 명절 음식은 일상에서 쉽게 맛보기 어려운 탓에 미리 예약을 하지 않으면 자리가 없을 정도로 인기가 좋다. 포테트볼Potetball이 나오는 날도 내 책상 위의 작은 달력에 동그라미가 쳐 지는 날이다. 노르웨이인들이 사랑하는 가정식 음식인 포테트볼은 삶은 감자 를 강판에 갈아 보리 가루와 소금을 넣고 공처럼 둥글게 빚어낸 후 끓는 물에 넣어 익히는 요리다. 찰기 있고 부드러운 맛이 마치 떡을 한입 베어 문 듯 쫀 득하다. 여기에 염장한 양고기 또는 한 뼘 크기의 훈제 소시지와 바삭하게 볶 은 베이컨 조각을 위에 솔솔 뿌려 낸다. 사이드 디쉬로 순무의 일종인 루타바 가rutabaga라는 채소와 당근을 삶아 우유와 버터를 넣고 부드럽게 갈아 만든 매 시를 곁들여 내니 한 끼 식사로 손색이 없다.

정성스러운 한 끼 식사를 준비하는 일이 얼마나 힘든 일인지 잘 알기에, 부 담 없이 들러 끼니를 잘 채울 수 있는 식당이 있다는 것은 꽤히 마음이 든든해 지는 일이다. 이웃들의 리듬에 따라 발걸음을 맞추며 스말한스는 언제나 한결 같은 모습으로 사람들을 맞이하고 있다.

스말한스 Smalhans
www.smalhans.no
Ullevålsveien 43, 0171 Oslo

NORWEGIAN COFFEE

노르웨이 커피

북유럽은 세계에서 커피를 가장 많이 마시는 사람들의 나라이다. 노르웨이는 세계 3대 커피 소비국 중 하나로 꼽히는데, 전체 인구의 80퍼센트가 커피를 즐기고, 그 사람들이 하루 평균 4~5잔의 커피를 마실 만큼 커피 사랑이 대단한 곳이다. 커피를 티처럼 자주 마시다 보니, 되도록 연하게 즐기는 커피가 노르웨이의 생활 문화로 자리 잡았다.

흥미로운 점은 노르웨이에는 커피 체인점보다는 독립적으로 운영되는 로컬 카페들이 많다는 것이다. 국민들이 다국적 기업보다는 자국 브랜드를 선호하는 성향이 크기 때문에 유행에 휩쓸리지 않고 로컬 브랜드들이 깊숙이 자리 잡을 수 있었다. 이러한 소규모 로컬 카페 문화는 바리스타들로 하여금 자신들만의 고유한 문화로 커피의 맛과 향, 개성을 적극적으로 주도하도록 이끌었다.

커피라는 일상의 취향을 좀 더 진지하고 사려 깊게 즐기고 싶다는 마음이 들게 하는 이 도시의 커피 문화를 경험하며, 세계의 스페셜티 커피 시장에서 노르딕 로스팅 문화를 주도하고 있는 노르웨이 로컬 브랜드들의 움직임을 소개한다.

　　나의 첫 캠핑과 커피와의 조우는 노르웨이에서였다. 캠핑을 떠날 때도 최
소한의 도구를 최대한으로 사용하면서 자연에 고립되는 것을 즐기는 노르웨
이 사람들에게 세련된 캠핑 장비의 낭만이란 없었다. 이들은 호사스러운 캠핑
은 오히려 식상하다고 말하며 거추장스러운 것들은 전부 덜어낸 채 배낭 하나
에 모든 짐을 넣었다.

　　하지만 숲속으로 깊게 들어갈수록 공기는 더 차가워졌고, 미리 각오를 하
긴 했지만 식수대와 화장실도 없는 상황이 나는 점점 불안해졌다. 괜히 심드렁
해진 마음에 발걸음도 자꾸만 뒤처진 채 캠핑의 불편한 점들만 꼽아내고 있었
다. 이런 나의 부루퉁한 얼굴을 눈치챘는지 친구는 나에게 근사한 커피를 만들
어 주겠다는 말과 함께 나무가 우거진 그늘 아래 자리를 잡고, 들고 온 단출한
배낭을 열었다. 모카포트를 챙겨온 것일까. 요즘은 캠핑을 위한 핸디형 에스프
레소 머신도 있다던데. 내심 기대하던 내 마음과는 다르게 배낭 안에서는 촌스
럽게 생긴 오래된 커피 주전자가 나왔다. 나는 애써 태연한 표정을 지었다. 친
구는 울퉁불퉁한 돌 모양에 맞춰 코펠을 정돈하고 주전자를 올렸다. 커피 가루
를 물에 넣고 뭉근하게 끓이듯 만들어내는 노르웨이의 오래된 방식의 커피라
고 했다. 숲의 정적 속에서 주전자는 반복적으로 끓어올랐고, 커피가 끓는 물
에 부딪치는 소리가 읊조리는 듯 수런거렸다.

이윽고 곧 강한 향내가 퍼졌다. 타들어 가는 모닥불과 갓 만들어진 커피 한 잔을 기다리는 시간. 커피의 맛은 새뜻한 풀 내음을 담고 있었다. 잘 정제된 커피는 아니지만 제법 근사했다. 친구는 이 오래된 노르웨이식 커피가 잊혀진 여름의 느낌이라고 했다. 나는 어렴풋이 그 말의 의미를 알 것 같아 가만히 고개를 끄덕였다. 사람들은 종종 주변의 사물을 통해 과거의 기억을 되살린다. 우리가 오래전에 느꼈던 맛과 냄새는 물론 그때의 감정까지 말이다. 노르웨이인들에게는 그들이 숲으로, 산으로, 피오르로 떠나며 아날로그 커피와 함께 보냈던 여러 해의 기억과 삶의 속도가 잠시 늦춰지던 그때의 시간에 대한 애틋한 향수가 있었다.

커피 메이커가 대중화되기 전까지 노르웨이 사람들은 이러한 방식으로 코케 커피Kokekaffe를 즐겼다. 주전자로 물을 끓이는 동시에 노르웨이식 침지 방식으로 만드는 커피인 코케 커피는 '끓는'이라는 뜻의 Koke와 '커피'라는 뜻의 Kaffe가 더해져 붙여진 이름이다. 거칠면서도 커피 본연의 향미를 정직하게 보여주는 코케 커피의 전통은 현재까지도 특별하게 이어진다. 오슬로의 미슐랭 3스타 레스토랑인 마에모에서도 이와 같은 방식으로 커피를 추출하여 손님들에게 노르웨이의 커피 맛을 전하기도 했다. 실제로 숲속에서의 하루 중 가장 기억에 남았던 시간은 커피가 담긴 따뜻한 컵을 쥐고 있던 순간이었다. 산을 내려오는 내내 나는 벌써 그 커피가 그리워졌다.

북유럽은 세계에서 커피를 가장 많이 마시는 사람들의 나라이다. 커피 소비량 세계 1위인 핀란드가 1인당 연간 소비량이 12kg라면, 노르웨이는 9.9kg으로 세계 3대 커피 소비국 중 하나로 손꼽힌다. 전체 인구의 80퍼센트가 커피를 즐기고, 그 사람들이 하루 평균 4~5잔의 커피를 마실 만큼 커피 사랑이 대단한 곳이다. 커피를 티처럼 자주 마시다 보니, 되도록 연하게 즐기는 커피가 노르웨이의 생활 문화로 자리 잡았다. 과거 유럽 국가들은 간혹 품질이 좋지 않은 생두의 묵은 맛을 감추기 위해 오랜 시간 강하게 볶는 방법을 사용하기도 했다지만, 진한 에스프레소 문화가 없던 노르웨이에서는 자연스럽게 라이트 로스팅을 통해 원두가 가진 본연의 맛과 향이 잘 표현되도록 하는 방식이 널리 퍼졌다. 생두를 약하게 볶다 보면 원두의 결점은 더 잘 느끼게 마련이다. 커피가 대중화되기 전에도 노르웨이의 커피 중 98퍼센트가 고품질의 아라비카 원두를 사용했을 만큼 노르웨이의 생두 품질 기준은 까다롭다.

흥미로운 점은 노르웨이에는 커피 체인점보다는 독립적으로 운영되는 로컬 카페들이 많다는 것이다. 이토록 커피 사랑이 큰 국가에서 해외 프랜차이즈 커피 전문점이 활성화되지 못한 이유는 무엇일까? 노르웨이는 높은 임금과 엄격한 고용법으로 인해 글로벌 브랜드가 쉽게 자리를 잡기가 어려운 시스템이다. 무엇보다도 국민들이 다국적 기업보다는 자국 브랜드를 선호하는 성향이 크기 때문에 유행에 휩쓸리지 않고 로컬 브랜드들이 깊숙이 자리 잡을 수 있었다. 이러한 소규모 로컬 카페 문화는 바리스타들로 하여금 자신들만의 고유한 문화로 커피의 맛과 향의 개성을 적극적으로 주도하도록 이끌었다. 이들은 노르웨이 스페셜티 커피 시장이 함께 발전할 수 있도록 서로 격려하며 커피 추출과 로스팅에 관한 프로파일을 끊임없이 연구하고 있다.

커피 체인점 중에서는 그나마 북유럽 국가에서 가장 많이 퍼져 있는 스웨덴 체인 에스프레소 하우스Espresso House와, 노르웨이 체인 카페 브렌네리엣Kaffebrennerient을 많이 접할 수 있다. 그중에서도 현지인들과 커피 애호가들이 선호하는 체인점은 1895년에 노르웨이에서 시작되어 가장 오래된 역사를 가진 스톡플레스Stockfleths이다. 전국에 총 12개의 매장이 있지만 그중 7개의 매장이 오슬로에 있다. 세계적인 바리스타 팀 윈들보Tim Wendelboe도 스톡플레스 출신 바리스타로 이곳에서 처음 바리스타로 활동하며 커피를 배웠다고 한다. 여러 지점 중에서도 가장 주력 매장인 오슬로의 프린센스 게이트에 있는 지점을 추천한다.

(주소 Prinsens gate 6, 0152 Oslo)

우유를 잘 소화하지 못하는 사람인 경우, 북유럽 사람들은 '귀리 우유(Oat milk)'로 만든 라테를 즐겨 마신다. 노르웨이에서는 워낙 비건에 대한 수요도 많고 락토 프리, 글루텐 프리 등 취향에 맞춘 개인 음료나 음식을 요청하는 것이 굉장히 자연스러운 문화이다. 귀리 우유는 귀리 가루를 물에 불려 믹서로 간 다음 걸러낸 것으로, 유당이 전혀 들어 있지 않아 속이 편하고 소화가 잘된다. 또한 풍부한 거품 덕분에 커피 맛도 한층 더 크리미하고 고소하게 만들어준다.

커피를 대하는 태도에 대하여,   NORWEGIAN TABLE

팀 윈들보

　　노르웨이의 스페셜티 커피를 이야기할 때 팀 윈들보Tim Wendelboe는 결코 빼
놓을 수 없는 인물이다. 그는 2004년에 월드 바리스타 챔피언 대회에서 우승을
했고, 이후 2005년 월드 컵 테이스팅 대회에서도 우승을 하며 세계적인 바리스
타로서의 위상을 다졌다. 2007년에 자신의 이름을 딴 로스터리를 오픈한 이후
에도 3년 연속 노르딕 로스팅 컴피티션에서 우승을 하면서 스페셜티 커피 시장
에 큰 영향을 주며 북유럽 커피의 발전을 이끌었다.

　　팀 윈들보 카페는 그뤼네르뢰카Grünerlokka 지역 골목 끝에 위치해 있다. 그의
유명세만큼 전 세계에서 온 커피 애호가들로 항상 붐비는 탓에 생각보다 자주
방문을 하지는 못하지만, 비교적 한가한 평일 오전 시간을 골라 그의 카페로
들뜬 발걸음을 옮겼다. 카페의 내부는 결이 좋은 목재를 사용한 작업대와 붉은
색 벽돌 벽의 조화가 묵직하면서도 반듯했다. 노르웨이의 카페 인테리어는 화
려하기보다는 매장 동선을 굉장히 단순하게 설계하여 기본에 충실한 편이다.
시선을 끄는 인테리어와 콘셉트에만 치중하느라 커피 한 잔 마실 여유도 찾기
힘든 요즘의 카페들과는 다르게 커피의 본질적인 맛에만 집중을 하겠다는 책
임감이 느껴져 신뢰가 간다. 또한 팀 윈들보의 카페에서는 그 흔한 패스트리류
도 찾아볼 수 없다. 한 가지만을 제대로 잘하고 싶다는 커피에 대한 고집스러
운 신념과 브랜드 가치가 오롯이 커피 한 잔으로 집중된다. 그리고 이것이야말
로 늘 안정적이고 일관된 커피의 품질을 선보이는 이들만의 비법이기도 하다.

　　싱글 오리진으로 구성된 이곳의 커피 메뉴에는 생산지와 농장, 품종 그리고
특징이 간결하게 적혀 있다. 그중에서도 온두라스 지역의 게이샤Geisha가 눈에
띄었다. 이 원두는 원산지가 에티오피아 게차 숲에서 처음 발견되어 게이샤라
는 이름으로 불리고 있으며, 우연히 파나마 에스메랄다 농장에서 이 원두의 높
은 품질을 발견한 팀 윈들보가 원두에 만점을 주면서 화제가 되었던 품종이다.
이후 경매에서 연일 최고가를 기록하며 당시 일반 생두의 20배가 넘는 가격을
기록하게 된 원두이기도 했다. "내가 먹어본 최고의 커피 중 하나로 우아한 산

미, 자스민, 감귤류의 향과 아카시아 꿀의 단맛을 가졌다. 안 먹어 봤다면 기회 있을 때 망설이지 말라. 비싸도 그 가치를 한다." 팀 윈들보의 추천에 따라 나도 게이샤 원두를 주문해 보기로 했다. 이 카페에서는 싱글 오리진을 주문하면 독특하게도 다도에 가까운 커피 트레이가 나온다. 손으로 만든 나무 트레이에는 물과 커피를 담은 세라믹 팟과 컵이 단정하게 놓인다. 노르웨이의 오래된 도자기 브랜드인 피기오Figgio의 제품이다. 팀 윈들보는 피기오와 협력하여 커피의 깊은 향과 풍미를 한층 더 돋우어주는 도자기 컵 시리즈를 고안하고, 매장에 비치해서 사용하고 있다. 이러한 디테일 덕분에 커피가 새삼 귀하게 느껴진다. 곧 입안 가득 화사한 기운이 스미며 잘 익은 자두를 한입 베어 문 듯 달고 신 탄력이 느껴졌다. 코끝으로는 선명한 꽃향기가 퍼진다. 좋은 생두일수록 풍부한 차tea 같은 맛을 낸다고 한다. 놀라운 점은 커피가 식으면서도 맛의 밸런스를 유지하고 있다는 것이다.

사실 나는 그간 커피의 산미보다는 묵직한 바디감과 진한 풍미의 맛을 즐기는 편이었다. 흔히 말하는 다크 로스팅 방식을 선호하고 가능하면 언제나 산미가 포함되지 않은 쪽을 택했다. 하지만 노르웨이는 커피에 있어서 가벼운 로스팅을 즐기는 나라다. 이 나라에서만큼은 그들 방식대로 문화를 즐기고 싶었다. 산미에 대한 좁은 편견과 부담감을 내려놓고 만난 팀 윈들보의 커피는 좋은 산미란 무엇인지에 대해 맛으로 일깨워주었다.

"강하게 볶은 커피에서 느낄 수 있는 것보다 더 많은 내용의 자연 향을 끌어낼 수 있기에, 상대적으로 약하게 로스팅된 커피를 선호한다. 약하게 볶은 커피도 여러 향미의 차이가 있지만 대체로 산미가 더 많고 커피 천연의 향이 더 많다. 과일 향. 꽃향. 또는 초콜릿과 너트류의 향미가 난다. 라이트 로스팅은 너무 약하게 볶았을 때는 좋지 않다. 풀 내가 나고 불쾌한 산미가 급속히 발현된다. 볶는 사람에게도 세심함이 요구된다. 너무 오래 볶으면 탄 맛을 내기 때문이다. 또한 이런 로스팅은 최상의 생두 품질을 요구한다. 약하게 볶은 커피에서는 덜 익은 것과 결점두의 맛이 쉽게 드러나기 때문이다."

팀 원들보, 《Coffee with Tim Wendelboe》

스페셜티 커피는 우선 원두의 품질이 중요하지만, 커피 맛을 만드는 또 다른 결정적인 요소는 로스팅이다. 보통 생산자와 로스터의 의도를 잘 살린 커피가 좋은 커피라고 하는데, 로스팅을 통해 풍미와 강도에 따른 취향을 드러낼 수 있기에 매우 중요한 단계이기도 하다. 팀 원들보는 좋은 품질의 커피라면 잘 자란 생두 본연의 장점을 돋보이는 게 중요하며, 결점을 덮기 위해 많이 로스팅할 필요가 없다는 입장이다.

이곳에서 여름 시즌에만 제공되는 커피도 특별하다. 3가지 메뉴로 구성된 아이스 커피는 좋은 풍미로 여름의 시작을 알렸다. 우유를 첨가한 커피의 종류와 계절 메뉴는 바리스타의 작업대 뒤편에 마련되어 있다. 얼음과 함께 에스프레소 샷, 달콤한 아니스 시럽을 섞어 만든 아니제타Anisetta, 그리고 가장 인기가 좋은 카푸치노 알 프레도Cappuccino Al Freddo는 더블 에스프레소 샷과 같은 양의 유기농 우유, 설탕 2티스푼을 넣은 뒤 쉐이크 메이커에 넣고 얼음을 섞어 두껍고 크림 같은 질감을 만든다. 완성된 커피를 마티니 잔에 붓고 고운 에스프레소 가루를 뿌리면 거품 아이스 카푸치노인 알 프레드가 완성된다. 보드라운 솜털 같은 크림의 질감이 입안 가득 부드럽게 밀고 들어오는 느낌이 좋다. 마지막으로 케냐 가차타Gachatha AA로 만든 아이스커피는 와인글라스에 얼음 없이 차갑게 제공되는데, 꿀이나 메이플 시럽이 떠오르는 바디감과 부드러운 과일 향이 자연스러운 단맛을 내면서도 뒷맛이 깔끔했다. 이곳의 커피들은 저마다의 향미로 단정하면서도 다채로운 풍경을 그려냈다.

팀 윈들보의 커피가 세계 정상의 커피라고 자랑할 수 있는 이유는 커피에 대한 가치를 소비자와 함께 공유하기 위해 끊임없이 노력하는 모습 때문이다. 여러 채널을 통해 커피 관련 교육 영상을 전달하고, 커피 재배 농가를 돌아다니며 원두 생산에 관한 이야기와 지속 가능한 농업에 대해 고민한다. 한 잔의 커피를 만드는데 필요한 모든 과정에 책임감과 진정성을 가지고 깊이와 완성도를 만들어나가는 그의 태도를 오래도록 기억하고 싶다.

팀 윈들보 Tim Wendelboe
https://timwendelboe.no
Grüners gate 1, Oslo, Norway

커피, 칵테일, 그리고 스칸디나비아 빈티지 디자인. 푸글렌Fuglen 카페를 생각하면 떠오르는 세 가지 키워드이다. 우리나라에서는 도쿄의 푸글렌이 더 익숙하지만, 푸글렌은 1963년부터 시작한 노르웨이점이 본점이다. 국내 바리스타 챔피언십과 북유럽 바리스타 컵에서 우승한 아이나르Einar Kleppe Holthe가 2명의 공동 창업자와 함께 2008년에 오래된 카페 푸글렌을 인수했다. 함께 꾸린 팀은 북유럽 칵테일 어워드 챔피언 페페 트룰센Peppe Trulsen과 빈티지 가구 컬렉터 할보르 디게르네스Halvor Digernes였다. 각각의 분야에서 정상에 있는 세 사람이 커피와 칵테일, 60년대 빈티지 가구라는 콘셉트로 평범했던 푸글렌을 흥미로운 장소로 만들기 시작했다. 낮에는 빈티지 숍과 카페, 밤에는 칵테일 바 형식의 독특한 분위기로 사람들에게 신선하게 다가갔다. 과거의 시간을 지우지 않고 함께 나아갈 수 있는 방법을 모색한 이들의 감성은, 푸글렌을 단순히 일시적으로 유행하는 공간이 아니라 지속적으로 성장할 수 있는 곳으로 만들었다. 이곳이 성공적으로 새로운 복합 공간으로 바뀔 수 있었던 가장 큰 요인은 각 분야의 전문가가 자신의 감각과 판단을 기준으로 조화롭게 그 역할을 다했기 때문이다.

그렇다면 푸글렌과 도쿄는 어떻게 결합할 수 있었던 걸까? 2010년 아이나르는 노르웨이 커피에 열광적이었던 일본인 코지마 켄지Kojima Kenji로부터 노르웨이 커피 문화에 대해 배우고 함께 일할 수 있는지에 대해 묻는 이력서를 받았다. 그 후 켄지는 오슬로로 와서 커피 견습을 통해 라이트 로스팅을 전수받았고, 아이나르는 켄지의 열정에 반해 도쿄 직영점을 계획하며 그에게 제네럴 매니저를 제안했다. 당시 도쿄는 스페셜티 커피의 초창기 시절로, 둘의 열정을 담아낸 이 가게는 엄청난 성공을 거뒀다. 현재 도쿄에는 두 개의 직영점과 노르웨지안 아이콘Norwegian Icons 가구 매장이 함께 운영되며, 수많은 카페들 사이에서도 여전히 입지를 굳건히 지키고 있다. 최근 푸글렌은 한국에서도 매해 많은 곳에서 가맹점 오퍼를 지속적으로 받고 있지만, 매장 수를 늘리기보다는 직

영점에 집중해 현재 매장의 퀄리티를 높이고 싶다는 입장이다. 하지만 최근 스페셜티 커피 산업 강국인 한국에 굉장히 흥미를 갖고 있어 어쩌면 가능할지도 모를 좋은 소식이 기대가 된다.

푸글렌의 외관은 그냥 지나치기 어려운 요소들로 가득하다. '새'라는 뜻의 단어인 푸글렌은 붉은색 바탕에 하얀 새 마크가 그려진 디자인으로 나무가 우거진 도시의 길 사이에서 직관적으로 자신들이 추구하는 이미지를 전달한다. 외부는 테라스 공간이 길게 늘어서 있어 날씨가 좋은 날이면 야외에서 커피와 칵테일을 즐기는 사람들로 가득하다. 카페의 내부에는 예사롭지 않은 빈티지 감각으로 선택된 오래된 의자와 램프, 올드 바 느낌의 데스크가 있어 낭만적인 분위기를 풍긴다. 여기에 편안한 소파 형태의 가죽 의자가 마치 북유럽의 오래된 가정집을 찾은 듯 이곳만의 아늑함을 더한다. 오슬로의 유명한 카페들은 대개 공간이 협소하여 긴 시간을 머물기가 어렵지만, 푸글렌은 오래 앉아 있어도 부담이 없을 만큼 편안한 분위기로 이루어져 있다. 혼자서 노트북이나 책을 가져와서 시간을 보내기에도, 여럿이서 담소를 나누기에도 좋다. 특히 푸글렌의 밤에는 정기적으로 라이브 재즈 공연과 디제이를 초청한 파티가 열리는데 그때 사람들은 경계를 허문 채 음악에 맞춰 춤을 추고 자유롭게 어울린다. 자세한 이벤트 일정은 푸글렌의 페이스북을 통해서 공지된다.

푸글렌 Fuglen

www.fuglen.no

Universitetsgata 2, 0164 Oslo

푸글렌 로스터리

조용하고 한적한 느낌의 푸글렌 로스터리도 추천한다. 오슬로 구시가지Gamlebyen 지역에 위치한 로스터리는 다듬어지지 않은 듯 거친 인더스트리얼 인테리어가 따뜻한 느낌의 빈티지 가구들과 어우러져 특색 있는 분위기를 자아낸다. 바리스타 작업대 뒤쪽으로 위치한 커다란 로스터기가 공간을 묵직하게 받치고 있어 마치 공간 속 하나의 거대한 오브제가 된 느낌이었다.

이 로스터에 담긴 이야기도 흥미롭다. 노르웨이에 있는 모든 푸글렌의 커피는 이 기계를 사용하여 로스팅을 하는데, 원래 팀 윈들보 카페에 있던 오래된 프로밧Probat 로스터가 이곳으로 온 것이다. 아이나르가 2001년, 스톡플레스Stockfleths에서 일할 당시 팀 윈들보와 함께 커피를 공부하며 경력을 쌓았던 인연으로 둘은 현재까지 꾸준히 좋은 커피를 위한 방향성을 공유하며 돈독한 관계를 유지하고 있다. 팀 윈들보는 몇 해 전 카페에 더 많은 좌석 공간을 마련하기 위해 매장에 크게 차지하고 있던 로스터기를 재배치하면서, 기존의 로스터기를 푸글렌에게 넘기기로 했다. 여기에서도 이 도시의 유기적인 협력 관계가 분명하게 드러난다. 작은 도시에서 성공하기 위해서는 경쟁의식보다는 서로에게 가까운 조력자가 되어 함께 성장해나가야 한다는 것을 이들은 깊이 이해하고 있었던 것이다.

푸글렌 커피 로스터스 Fuglen Coffee Roasters
St. Halvards gate 33, 0192 Oslo

　노르웨이에서의 삶을 시작했을 때, 당연하게도 모든 순간이 좋을 리 없었다. 설렘과 두려움, 그 묘한 줄다리기 속에서 스스로를 다독거리며 매일 느즈막히 공원으로 향했다. 아침도 저녁도 아닌 애매한 시간은 왠지 모르게 나와 닮아 있었다. 오솔길을 따라 시원한 바람을 쐬며 걷다 보면 항상 같은 자리에서 따뜻하게 맞아주던 카페가 있었다. 간판조차 없이 커피에 대한 자신감이 엿보이던, 작지만 현지인들 사이에서 굉장히 유명한 카페였다. 간소한 메뉴 구성과 마주 보는 테이블이 없는 자리, 장황함이 없는 공간이 주는 간결함은 나와는 달라 보이는 사람들 사이에서도 편안함을 주었다.

　여느 때처럼 V60로 추출한 커피를 부탁하고 바리스타의 친절함과 특유의 긍정적인 기운에 이끌려 내가 주문한 커피가 만들어지는 과정을 물끄러미 지켜보았다. 이 카페에서는 4～5가지의 싱글 오리진 원두를 갖추고, 주로 하리오 Hario V60를 사용하여 커피를 추출한다. 바리스타는 신중한 태도로 노련하고도 느슨하게 커피를 내렸다. 몇 평 안 되어 보이는 작은 공간이지만 곳곳에 놓인 포인트가 눈에 들어왔다. 실내를 가득 채운 은빛 조명, 나무의 깔끔한 선과 그 벽을 채우고 있는 그림, 키친의 한쪽 면은 민트색 타일로 채워 밝은 공간을 연출했다. 내부가 깊고 길이가 길게 공간감을 확장시켜 답답한 느낌 없이 아늑했다. 커다란 창과 높은 천정은 한데 어우러져 마치 공원과 연결된 느낌을 준다. 아름답고 가벼운 공간이었다. 매장 안팎의 벤치에 앉은 사람들과 바리스타가 음료를 만드는 작업대까지 기분 좋게 소란스러운 온기가 흘렀다. 정성껏 내어진 커피 한 잔과 함께 엉덩이를 바짝 붙이고 앉아 창을 내다본다. 챙겨온 작은 책과 커피의 쓰고 달콤한 맛에 마음을 툭툭 털었다.

　공원의 푸른 공기가 커피잔에 한 모금 들어간 것일까, 설익은 아침의 풍경이나 농익은 저녁의 풍경도 똑같이 아름답게 다가왔다. 커피 한잔을 하며 머무르기에 더없이 매력적인 장소였다.

이 카페가 위치한 산탄스하우겐St.Hanshaugen은 오슬로에서 내가 가장 좋아하는 지역 중 하나이다. 작은 식당들과 빵집, 근사한 식료품점이 아름다운 공원을 따라 자리하고 있는데, 그 사이에서 터줏대감 역할을 하는 이곳 자바JAVA 커피는 노르웨이에서 처음으로 에스프레소를 전문으로 시작한 카페로 1997년도에 문을 열어 20년 넘게 한자리를 지켜왔다. 이곳은 월드 바리스타 1대 챔피언인 로버트 토레센Robert Thoresen이 운영하고 있다. '스페셜티 에스프레소 바'를 노르웨이에 정착시킨, 노르웨이의 커피 장인과도 같은 인물이다. 샌프란시스코에서 건축가로 일하면서 현대적인 카페 문화가 어떻게 자리를 잡아가는지 영감을 얻은 로버트는 샌프란시스코 특유의 감성에 스칸디나비아식 기준을 적용하고자 했다. 노르웨이로 돌아와서 1997년 자바를 오픈한 그는 3년 후 왕궁 근처의 브리스케뷔Briskeby에 두 번째 카페 모카Mocca를 열며 커피 바와 로스터의 조합이라는 접근으로 사람들의 흥미를 끌었다. 2005년부터는 매장에서 공급했던 로스터리를 별도의 회사로 독립 시켜 마이크로 로스터리 회사인 카파Kaffa를 설립했다. 로버트는 노르웨이가 글로벌 무대에서 커피 산업의 부흥과 발전에 주도적인 역할을 할 수 있도록 출발점을 열었고, 오슬로의 커피 문화와 로스터리가 유기적으로 성장할 수 있는 틀을 마련했다.

자바 에스프레소 바 Java Espressobar
Ullevålsveien 47, 0171 Oslo

모카 커피 바 Mocca Kaffe bar
Niels Juels Gate 70, Oslo 0259

산탄스하우겐 공원 St. Hanshaugen Park

산탄스하우겐 공원의 여름은 공원 중앙의 연못과 정상에 있는
에메랄드빛 분수대 주위의 벤치에 앉아 일광욕을 즐기는 사람들
로 가득하다. 공원 산책을 좀 더 달콤하게 즐기고 싶다면 공원 입
구의 노점에서 아이스크림을 하나 사서 걸어보자. 산탄스하우겐
공원 앞에서 21번 버스를 타면 쇼핑거리로 유명한 호만스뷔엔
Homansbyen과 튜브홀멘Tjuvholmen으로 이어진다. 같은 버
스를 타고 로버트의 또 다른 카페 모카Mocca로 이동해도 좋다.

팀 윈들보 카페에서 도보로 가까운 거리에 있는 슈프림 로스트웍스Supreme Roastworks는 유독 젊은 층의 현지인들로 분주하다. 아침 7시부터 문을 여는 평일에는 출근길에 커피를 테이크아웃하는 직장인, 유모차를 옆에 둔 채 여유롭게 커피를 즐기는 사람들 등이 모이는데, 그중에서도 유독 눈에 띄는 것은 가게의 문 앞에 줄지어 서 있는 자전거들과 헬멧, 라이딩복을 입고 커피를 즐기는 사람들의 풍경이다. 노르웨이인들이 스키 다음으로 사랑하는 운동은 바로 자전거 타기이다. 자동차보다 자전거로 출퇴근하는 사람들이 많고, 라이딩을 취미로 즐기는 사람들도 많아 노르웨이에서는 자전거가 생활의 일부를 차지하고 있다. 사람들은 라이딩을 시작하기 전이나 혹은 라이딩을 마친 후에 이곳으로 와서 마음 편히 자전거를 세워놓은 다음, 커피 한 잔과 함께 자전거와 삶에 대해 토론하고 대화를 나눈다. 그 순간 커피는 단순한 기호식품이 아닌 취향을 공유하는 매개체가 되고, 더불어 카페는 커피를 둘러싼 콘텐츠를 공유할 수 있는 공간으로 변한다.

슈프림 로스트웍스는 새로운 소비문화를 창출할 수 있는 이런 기회를 놓치지 않고, 고객의 라이프스타일에 파고들었다. 자전거를 주차할 수 있는 공간을 만들고, 라이딩을 즐기는 사람들이 커뮤니티를 조성하여 모임의 정기적인 장소로 쓰도록 유도한 것이다. 대표적으로 오슬로에는 '새벽의 정찰Oslo dawn patrol'이라는 유명한 소셜 라이딩이 있는데, 계절에 관계없이 매주 새벽 5시 40분에 모여 오슬로 숲을 도는 라이딩을 진행한다. 누구나 참여가 가능한 이 모임은 90분간 라이딩을 즐긴 후, 슈프림 로스트웍스에서 모닝커피로 마무리하는 코스로 운영된다. 슈프림 로스트웍스가 탄탄한 마니아층의 지지를 만들어낼 수 있었던 첫 번째 요소는 우선 좋은 커피가 있기 때문이지만, 비슷한 공통사를 가진 사람들을 하나의 고객군으로 만들어 자유롭게 모여드는 장소로 만든 공간의 힘이었다. 내부의 안쪽 로스팅 룸에서는 바쁘게 생두가 볶아지고, 로스팅된 커피 원두들이 풍기는 고소한 냄새가 공간을 부드럽게 채운다. 에스프레소 바에서 사람들은 커피를 추출하는 바리스타와 편하게 소통하며 자신에게 맞는

75	Brasil Andre Garcia	150
45	Colombia Jaiber Joven	165
45		165
	Etiopia Semeon Abay	165
45	Etiopia Kello Kochere	225
	Kenya Gathiruini	165
		165

	...kaffe	55		
	...kaffe sort	50		
45	iscortado / islatte	55	T-shirt	350
42	soft is	45	Tote bag	250
45	affogato	60	Beach bag	375
	Sesong			

Håndbrygget kaffe

V60-01   1-2 kopper   45/6c
V60-02   2-3 kopper   60/8
V60-03   4-5 kopper   85/1c

Kenya
Colombia
Etiopia, natural
(Semeon Abay)*

Vi har gavekort! ♡

커피 맛과 추출법에 대해 이야기를 나누고 있었다.

　슈프림 로스트웍스의 창업자인 마그누스Magnus와 유아르Joar는 2000년대 초 모카Mocca의 바리스타 출신으로, 창업자인 로버트 밑에서 경력을 쌓으며 자신만의 커피 정체성을 쌓아갔다. 이들은 2008년에 독립하여 원두만 판매하는 로스팅 하우스로 시작했지만 곧 그들만의 고유한 원두 스타일이 자연스럽게 입소문을 타면서 2013년에 카페를 오픈했다. 그 후 공동창업자로 합류한 오드 스타이너 톨렙슨Odd-Steiner Tollefsen이 2015 월드 브루어스컵 챔피언을 수상하면서 더욱 가파른 성장세를 보이고 있는 곳이다. 천천히 둘러보니 노르웨이에서는 자주 보기 힘든 호주의 라테인 플랫 화이트Flat white (우유를 혼합한 커피 방식 중 우유의 양이 라테보다 적어 진한 에스프레소 맛과 커피의 특징적인 맛을 느낄 수 있다)도 보였다. 싱글 오리진 메뉴는 'håndbrygget kaffe' (핸드드립 커피)라고 기재된 메뉴를 보고 원하는 사이즈를 주문하면 된다.

　핸드드립 커피 중에서도 에티오피아의 내추럴 원두인 '시먼 어베이Semeon Abay'가 유독 눈에 띄었다. 공동창업자인 오드 스타이너 톨렙슨이 월드 브루어스 컵 대회에서 시먼 어베이 원두로 시연을 한 뒤 우승을 하면서, '젖산 발효' 과정을 거친 내추럴 원두에 대한 이곳의 자부심은 더욱 깊어졌다. 에티오피아에서는 수확된 커피 체리의 껍질과 과육을 벗겨 비닐봉투에 밀봉한 뒤 산소의 접촉을 최소화하는 방식으로 발효하는데, 잘 가공된 내추럴 커피는 고급 와인처럼 특별한 산미와 과일 맛을 느낄 수 있다. 가공 방법에 대해 이것저것 물어보는 것이 귀찮을 법도 한데 바리스타는 친근감을 표하며 적극적으로 커피 추출법을 알려주고, 기존 방식으로 가공된 커피와 내추럴 커피가 어떻게 다른지 비교해보라며 커피 한 잔을 더 내어주었다. 슈프림 로스트웍스가 짧은 시간 내에 노르웨이 스페셜티 커피 시장을 이끄는 리더 중 하나로 자리매김할 수 있던 세 번째 이유를 자연스레 찾았다. 스페셜티 커피의 가장 큰 키워드라고 할 수 있는 고객과의 소통, 그 경험을 섬세하게 다루려는 이들만의 경청과 공감이었다.

슈프림 로스트웍스 Supreme Roastworks

www.srw.no

Thorvald Meyers gate 18A, 0555 Oslo

BRUNCH TABLE

브런치 테이블

주말에는 주로 집에서 홈 브런치를 즐기는 노르웨이 사람들에게 식당에서의 브런치 문화가 형성된 건 그리 오래되지 않았다. 하지만 최근 브런치를 콘셉트로 대중적인 접점을 적절히 조율시킨 공간들이 많아지면서, 주말 정오 무렵 집 밖으로 나와 친구들이나 가족들이 모여 한가롭게 식사를 즐기며 나른한 여유를 만끽하는 풍경을 자주 만나게 된다. 노르웨이에서는 애석하게도 저렴한 가격에 푸짐하고 맛도 좋은 식당은 찾기 힘들다. 하지만 음식 수준에 맞는 합리적인 가격으로 편안한 맛과 개성 있는 감각을 더한 식당들을 이 장에서 소개한다.

그로디GRÅDI는 미국식 캐주얼 다이닝과 스칸디나비아식 요리가 결합된 브런치 메뉴를 선보이는 곳이다. 최근 주말 모임의 새로운 명소로 유명해진 이곳은, 휴일에는 예약을 하지 않으면 자리가 없을 정도로 인기가 많다.

그로디가 위치한 퇴이엔Tøyen은 이웃 동네인 그뤼네르뢰카의 초창기 모습과 많이 닮아 있다. 아직 개발이 덜 된 골목들과 아름다운 보태니컬 가든*이 있는 이곳은, 조금씩 이 지역만의 색으로 문화가 만들어지는 중이다. 메인 로드인 퇴이엔 역에서 걸어 나와 안쪽으로 조금만 걸음을 옮기면, 평범한 주택들 사이로 난 나지막한 언덕 꼭대기에 간판도 없이 자리한 이 식당이 보인다. 정말 이곳이 맞나, 하는 조바심이 들 때쯤 창문 너머로 주방의 분주함과 사람들의 유쾌한 소음이 느껴진다. 여름에는 야외에도 테이블이 펼쳐지고, 실내에는 빈티지 나무 테이블과 의자가 정감 있게 채워져 마치 누군가의 집으로 초대된 듯한 친밀감이 드는 곳이다.

보태니컬 가든 Botanisk Hage
오슬로에서는 어디서건 짙푸른 숲과 공원을 만날 수 있지만, 퇴이엔에 자리하고 있는 보태니컬 가든은 사계절 각기 다른 매력으로 일상의 휴식과 활력을 불어넣으며 시민들의 삶에 깊숙이 자리하고 있다. 노르웨이에서 가장 오래된 식물원이기도 한 이곳은 연구 및 보존, 전시를 위해 200년이 넘는 시간 동안 약 45,000종의 식물을 수집해 놓았다. 오슬로대학교 자연사박물관의 엄격한 관리하에, 희귀 식물이나 멸종 위기 식물의 보호를 위한 노력도 계속하고 있다. 그중에서도 빅토리아 하우스(Victoriahuset) 온실에서는 아마존 지역이 원산지인 빅토리아 크루지아나(cruziana) 수련을 재배하고 있어, 마치 이국적인 섬에 들어와 있는 듯한 기분에 절로 감탄이 흘러나온다.
www.nhm.uio.no/besok-oss/botanisk-hage

　　노르웨이의 브런치는 다정한 공간에서 한 주 동안의 사소한 일들을 풀어놓는 시간이다. 문을 열고 들어서니 간편한 복장으로 주말을 막 즐기기 시작한 사람들의 생기 넘치는 웃음소리와 대화로 활기가 흐른다. 곧 테이블 위로 건강한 식재료로 만든 보기 좋은 음식들이 채워진다. 오독한 식감을 느낄 수 있는 호밀빵에 단순한 재료들을 얹는 북유럽식 오픈 샌드위치에는 보통 얇게 썬 아보카도와 토마토, 신선한 허브 등이 올라간다. 뒤이어 나온 동글한 팬케이크에는 제철 베리로 만든 콩포트와 보슬보슬한 휘핑크림이 곁들여졌다. 그 외에도 시금치를 넣은 반죽으로 구워낸 후 향긋한 말차가루의 풍미를 더한 팬케이크나 달콤한 바나나 캐러멜 팬케이크도 만날 수 있다.

그로디 GRÅDI

https://graadi.dinesuperb.com

Sørligata 40B, 0577 Oslo

여름의 맛,

지로톤도

직접 손으로 반죽한 도우에 무심한 듯 흘러내리는 토마토 소스, 거기에 올리브와 단맛이 강한 토마토를 얹고, 진하고 고소한 부팔라 치즈를 올린 다음 신선한 루콜라와 바질을 아낌없이 듬뿍 얹으면 풍부한 '여름의 맛' 피자가 완성된다. 얇고 바삭한 도우는 참나무가 활활 타오르는 고온의 화덕에서 구워져 울퉁불퉁하지만 검게 그을린 자국마저 먹음직스럽다.

노르웨이의 간편식 시장은 냉동 피자가 점유하고 있는데, 그중 대표 브랜드인 그란디오사Grandiosa에 대한 어마어마한 수요를 보아도 노르웨이인들의 피자에 대한 사랑은 유머의 대상이 될 정도로 크다. 여기에 지로톤도는 정통 피자로 출사표를 던졌다. "노르웨이인들이여 이제 냉동 피자는 잊어버리자"라고 사람들에게 외치는 것 같았던 이곳은 현재 당당히 오슬로에서 가장 맛있는 피자집으로 손꼽힌다.

마르게리타Margherita, 카프리치오사Capricciosa 같은 클래식한 피자들부터 가지, 호박, 파프리카, 모짜렐라, 파르메산 치즈를 곁들인 채식 피자 오톨라나Ortolana 등 지로톤도에서는 다양하고 건강한 맛의 피자를 만날 수 있다. 현지인들에게 가장 인기 있는 피자인 인푸오카타Infuocata는 토마토 소스에 단단한 페코리노 치즈와 부드러운 모짜렐라, 매콤한 살라미와 칠리를 더해 단순하면서도 굵직한 맛을 낸다. 이곳에서 사람들은 1인 1피자를 기본으로 와인과 칵테일, 맥주를 즐기며 저마다의 기분 좋은 시간을 보낸다.

지로톤도에서는 화려한 토핑보다는 기본에 충실한 메뉴들을 추천한다. 신
선한 재료에서 나오는 건강한 맛과 담백한 도우에서 느껴지는 깊은 내공을 느
껴볼 수 있기 때문이다. 2층에 위치한 실내는 오픈 키친을 중심으로 여러 명이
앉을 수 있는 공동 테이블과 바로 이루어져 있고, 저녁 시간대에는 빈자리를
찾기가 쉽지 않으니 미리 예약하기를 추천한다. 보통 노르웨이의 식당들은 홈
페이지 예약 시스템을 통해 간편하게 예약이 이루어지는데, 이곳은 하루 전까
지 메일로만 예약이 가능하니 참고하자.

지로톤도 Girotondo
예약 메일 ciao@girotondo.no
http://girotondo.no
Youngs gate 19, 0181 Oslo

지로톤도가 위치한 건물은 옥외 간판이 없어 처음 방문하는 이들은 근처에서 서성이는 수고로움을 감내해야 할 수도 있다. 하지만 문을 열고 들어서면 마치 비밀 아지트 같은 새로운 공간이 나타난다. 1층에는 혼슬라그(Håndslag) 바, 2층 지로톤도 옆에는 안드레 틸 호외레(Andre Til Høyre) 칵테일 바가 있는데, 이중 안드레 틸 호외레는 세련된 감각을 만끽할 수 있는 근사한 공간이다. 피자를 즐긴 후에 바에 들러 칵테일과 함께 달콤한 시간을 누려보자.

헨리크 입센의 단골집,
그랑 카페

　　칼 요한 거리를 따라 걷다 보면 매년 노벨평화상 수상자들과 각국 정상들이 묵는 곳으로 유명한 그랜드 호텔을 발견하게 된다. 그 호텔 1층에 그랑 카페Grand Café가 있다. 이곳은 1874년에 문을 연 이후 여러 명사들이 머문 역사가 쌓여 있어, 오슬로에서는 단순한 식당 이상의 의미가 있는 곳이다. 특히 이곳을 매일 방문할 정도로 단골이었던 사람은 헨리크 입센Henrik Ibsen으로, 오직 그만 앉을 수 있던 전용 좌석이 있었다고 한다. 입센은 하루에 두 번, 규칙적인 시간에 그랑 카페에서 식사를 하면서 사색을 즐겼다. 당시 뭉크도 이곳에 자주 드나들며, 그랑 카페에서 신문을 읽고 있는 입센의 모습을 담은 그림을 그리기도 했다.

　　식당 내부로 들어가면 벽을 가득 메운 예술가들의 흔적들이 반갑게 손님을 맞이한다. 그랑 카페에는 노르웨이 화가 페르 크로그Per Krohg가 1920년대에 그린 벽화가 보존되어 있는데, 여기에 당시 그랑 카페를 찾던 유명인들의 모습이 그려져 있다. 천천히 살펴보니 왼쪽 기둥에 서 있는 입센과 오른쪽 벽에 기대어 앉아 있는 창백한 표정의 뭉크가 유독 눈에 띈다. 1880년대의 그랑 카페는 커피와 식사만을 즐기는 곳이 아니라, 당대 부르주아와 예술가, 지식인들이 문학과 미술, 철학 이론을 형성하고 정치적인 담론을 즐기던 사교 장소였다.

　　그리고 140년이 지난 지금, 그랑 카페에서 즐기는 식사는 특별하다. 예술가들은 이곳에서 어떤 영감을 받았을까. 거장들과 예술가들이 머문 공간에서 우리는 한 잔의 커피를 앞에 두고 평범한 삶에 대한 이야기를 나눈다. 가끔씩 이곳에서 브런치를 즐길 때면, 헨리크 입센이 여기 어딘가에 앉아 공책과 연필을 꺼내 글을 쓰기 시작했을 것만 같은 기분이 든다. 오슬로의 도심에서 문득 관찰과 사색의 공간이 필요하다면 그랑 카페에서 느긋한 시간을 즐기기를 추천한다. 묵직한 코스 메뉴가 아니어도, 야외 테라스에서 가볍게 먹는 빵과 샐러드만으로도 이곳의 분위기를 경험하기에는 충분하다.

그랑 카페 Grand Café

www.grandcafeoslo.no

Karl Johans gate 31, 0159 Oslo

공간의 기억, 테케호파

카페 푸글렌과 가까운 곳에 위치한 테케호파Tekehtopa는 이탈리안 캐주얼 식당
으로 격조와 품위가 느껴지는 공간이지만 의외로 편하게 들러 점심을 너끈히
해결하기 좋은 곳이다. 노르웨이 사람들은 점심 식사를 간소하게 하는 편이라,
식당에서는 오전 11시부터 오후 4시까지 진행되는 가벼운 런치 메뉴를 만날
수 있다. 덕분에 좋은 공간을 부담 없이 여유롭게 즐길 수 있다는 장점이 있다.

이곳에서는 늘 시원한 화이트 와인 한 잔과 비텔로 토나토vitello tonnato를 주문한
다. 이 요리는 얇게 저민 부드러운 송아지 고기에 크림같이 고소한 참치 소스를
곁들인 것이다. 고기 위에 뿌려진 케이퍼와 루꼴라 덕분에 느끼함 없이 깔끔하
고, 솔솔 뿌려낸 파르메산 치즈의 풍미도 좋다. 테케호파의 런치 메뉴는 약 여
섯 가지의 파스타와 샐러드로 구성되어 있는데, 작은 반죽 위에 고기나 야채의
속 재료를 올린 이탈리아식 만두인 라비올리도 인기가 좋다.

넓은 내부는 컬렉터의 취향이 잘 느껴지는 분위기로 눈길을 사로잡는다. 화이
트 톤의 독특한 몰딩 아래 이어지는 짙은 고동색의 오래된 나무 바닥에는 옛
시절의 아름다움이 그대로 깃들어 있었다. 견고한 모습의 원목 가구들도 고전
적인 형태가 돋보인다. 차분한 분위기 덕분에 상대방과의 대화에 집중해야 할
때나 혼자 조용히 식사를 즐기기에도 좋다.

카페 테케호파 Café Tekethopa

www.tekehtopa.no

Sankt Olavs Plass 2, 0165 Oslo

19세기에 3층 저택으로 지어졌던 식당의 건물은 저택
의 구조가 그대로 남아 있어 안쪽으로 들어갈수록 마치
거실처럼 개방감이 느껴진다. 벽 전체에 채워진 독특한
미술 작품, 핑크색 벽과 녹색의 붙박이 소파, 조화롭게
놓인 나무 테이블과 대리석 테이블 등 세련된 디테일이
구석구석 가득한 곳이다.

공간의 감각, 브라세리 히볼리

피오르 해안 위의 새로운 뭉크 미술관과 건너편 오페라 하우스를 마주하고 있는 뭉크 브뤼게Munch Brygge는 2019년에 완공된 주거 지역으로, 쭉 뻗은 산책로를 따라 각 건물들의 1층에 새롭게 오픈한 식당들이 야외 테라스와 함께 줄지어 있는 곳이다.

파리의 히볼리 거리Rue de Rivoli에서 이름을 따왔다는 브라세리 히볼리Brasserie Rivoli는 원래 프로그네르Frogner 지역에서 주민들의 사랑을 듬뿍 받던 식당이 이전한 것이다. 브라세리라는 이름에서 짐작할 수 있듯이, 고급스러운 분위기 속에서 가벼운 요리들로 브런치나 식사를 즐길 수 있다. 깔끔한 북유럽 디자인으로 세련되게 완성한 인테리어는 공간에 악센트를 주는 곡선 모양의 조명들, 그리고 노르웨이에서 최근 주목받는 젊은 현대미술 작가 스베레 비얄트네스Sverre Bjertnes의 그림으로 장식해 갤러리 못지않은 분위기를 풍긴다. 점심 메뉴는 클래식하면서도 캐주얼한 프랑스 요리들로 이루어져 있는데, 홍합과 감자튀김, 비프 타르타르, 오리 콩피, 크로크무슈와 같은 단품 메뉴는 물론 2코스 혹은 3코스 중 선택할 수 있는 코스 메뉴도 있다. 아름다운 공간에서 그윽한 오후를 만끽하기에 더할 나위 없이 좋은 곳이다.

브라세리 히볼리 Brasserie Rivoli

www.rivoli.no

Operagata 3, 0194 Oslo

모두를 위한 장소,
피파

'굴뚝'이라는 뜻의 재미있는 이름을 갖고 있는 카페 겸 와인 바인 피파Pipa
는 주로 여행객들보다는 동네 사람들과 근처 회사에서 일하는 사람들이 작은
여유를 즐기기 위해 찾아온다. 평일에는 오전 7시 반에 문을 열기 때문에, 부
드럽게 하루를 깨워줄 모닝커피와 아사이볼 혹은 과일과 꿀이 가득 담긴 요거
트로 아침 식사를 즐길 수 있고, 점심에는 바삭하게 구워낸 빵으로 만든 아보
카도 토스트나 부라타 치즈를 곁들인 토스트 등 심플한 메뉴들을 저렴하게 만
날 수 있다. 간소하지만 모두 좋은 재료로 정성스럽게 만들어, 건강한 한 끼로
더할 나위 없다.

피파의 내부는 높은 천장과 널찍한 오픈 주방, 스테인리스 소재를 활용한 가구들로 인더스트리얼 분위기가 가득하다. 자칫 차갑게 느껴질 수 있는 디자인이지만 올리브색과 아이보리색 벽, 멋스러운 조명과 벽에 걸린 사진 액자들이 밝고 유쾌한 느낌을 준다.

    사실 식당이 위치한 하슬레Hasle는 과거 담배 공장과 와인 판매점 빈모노폴레Vinmonopolet의 본사 공장이 있던 지역으로, 현재는 말끔한 새 빌딩들이 들어선 곳이다. 하지만 피파와 건너편에 이웃한 빈슬롯Vinslottet쇼핑센터에는 산업화의 흔적인 커다랗게 솟아 있는 굴뚝과 외벽의 붉은 벽돌이 여전히 보존되어 남아 있다. 오랫동안 존재해온 지역의 정체성을 존중하며 현대적인 상업 시설을 자연스럽게 녹여낸 곳. 그래서 이 거리를 산책하는 일은 늘 즐겁다. 특히 여기에는 내가 좋아하는 카페인 피파와 빈슬롯 건물에 위치한 인테리어숍 하우츠Houz가 있어 종종 들르게 된다. 늦은 오후와 저녁에는 치즈와 햄 같은 간단한 안주와 함께 내추럴 와인 한 잔을 마시며 저무는 하루를 즐긴다.

피파에서는 브런치 외에도 도시의 여러 전문가들과 협력하여 다양한 팝업 이벤트를 개최한다. 취향도 연령도 다른 사람들이 함께 모여 와인 테이스팅, 사케 테이스팅, 티 소믈리에와 함께하는 차 시음회 등 다양한 테마로 즐거운 시간을 보낼 수 있다. 단순히 커피와 술, 음식을 파는 곳이 아닌 문화를 향유하는 공간으로서, 피파는 언제나 풍부한 이야깃거리를 제공하고 소통의 장을 만든다.

피파 Pipa (현재 임시 휴업 중)
www.pipaoslo.no
Bøkkerveien 11, 0579 Oslo

오슬로의 빵,
오펜트 바케리

북유럽 사람들에게 빵은 주식으로 즐기는 '식사빵'에 가까운데, 그중에서도 사워도우나 밀도 있는 호밀빵을 선호하고 즐긴다. 이런 빵은 일반적인 밀로 만든 빵에 비해 결도 거칠고 투박하지만 곡물이 가진 영양 성분도 풍부하고 소화도 잘되어 부담 없이 먹기에 좋다. 특히 햄과 치즈, 루꼴라와 같은 간단한 재료들을 끼워 샌드위치를 만들면 담백한 빵의 매력이 배가 된다. 오펜트 바케리 Åpent Bakeri는 현지인들이 가장 즐겨 찾는 빵집으로, 오슬로에 여러 개의 지점이 있는데 하나같이 개성이 또렷한 동네에 자리하고 있어 지점마다 다른 공간의 분위기를 읽어내는 즐거움이 있다.

오펜트 베이커리의 빵은 단순함을 지향한다. 오랜 시간 더 많은 정성과 손길을 거쳐 천천히 발효하는 저온 숙성 방식을 고집하고, 반죽에 들어가는 공정을 여러 번 반복하는 일이 빵을 가장 맛있게 만드는 방법이라고 말한다. 전통적인 방법으로 만들어지는 이곳의 빵은 때때로 밀가루, 날씨, 빵 굽는 사람의 기술에 따라 맛이 약간씩 달라지기도 한다. 하지만 이런 자연스러움조차 노르웨이의 순박함을 닮았다. 매장 한쪽에서 무료로 제공되는 수제 딸기잼은 육질이 단단한 밭딸기의 향과 맛이 진하게 배어 있어, 버터 스뫼르Smør를 도톰하게 올리고 푸짐하게 잼을 바르면 어느 빵이든 잘 어울린다.

거친 식감을 내는 북유럽 스타일의 빵이 다소 부담스럽다면 월넛브레드Valnøtt Brød를 추천한다. 겉은 바삭하고, 통통하고 쫄깃한 속살에 간간이 씹히는 호두의 고소한 맛이 일품이다. 포장을 원한다면 커다란 사이즈의 빵을 골라도 좋고, 매장에서 먹고 싶다면 작은 공 모양의 '룬드스튀케Valnøttrundstykke'를 선택하면 된다. 노르웨이 사람들에게 간식빵으로 가장 인기 있는 빵은 건포도가 콕콕 박힌 볼레Boller와 달콤한 바닐라 커스터드와 코코넛이 뿌려진 스콜레브로드Skolebrød, 그리고 우리가 잘 알고 있는 시나몬롤 카넬볼레kanelboller이다. 북유럽의 전통빵에는 대개 생강과의 향신료인 카다멈 가루가 쓰이는데, 꽃향과 비슷한 특유의 알싸한 향긋함이 있어서, 빵에 독특한 풍미를 더한다.

빵도 맛있지만 커피만을 즐기기 위해 오펜트 바케리를 찾는 사람들도 많다. 오늘의 커피를 주문하면 필터 커피가 제공되며, 보통 중간 정도로 로스팅한 둥글둥글한 맛의 커피가 제공된다. 추운 겨울에는 묵직한 핫 초콜릿을 추천한다. 달콤한 따뜻함이 온몸을 따뜻하게 달래줄 것이다.

오펜트 바케리의 지점 중에서도 아래 세 곳을 추천한다. 포근한 북유럽의 정취를 느낄 수 있는 상냥하고 소박한 프로그네르Frogner점, 마치 고전 영화의 한 장면에 들어온 것만 같은 근사한 인테리어의 플뤼덴룬Frydenlund점, 세련되고 멋진 북유럽 디자인을 만나고 싶다면 바코드Barcode점을 추천한다.

프로그네르점

1998년에 문을 연 오펜트 바케리의 첫 매장이다. 오슬로 동쪽의 분위기가 청춘들의 활기찬 자유스러움으로 가득하다면, 부촌 동네로 불리는 서쪽의 프로그네르 지역은 차분하고 고급스러운 분위기를 풍긴다. 주택가를 따라 골목 한 귀퉁이에 비밀스럽게 자리하고 있는 이곳은 마치 동네 주민들을 위한 빵집처럼 유독 단골층이 두텁다. 겨울에는 벽난로에서 장작불이 타는 소리와 함께 빵과 커피를 즐기고, 봄에는 야외 테이블 위로 벚꽃이 흐드러지게 피어 어느 계절과도 잘 어울리는 곳이다. 빵집 근처에 프랑스 학교와 유치원이 있어 종종 테이블 사이로 새어 나오는 불어를 듣는 일도 근사하다.

Inkognito Terrasse 1, 0256 Oslo

바코드점

고층 건물이 즐비해 있는 곳에 위치한 바코드점은 비요르비카 지역에서 가장 사랑받는 베이커리이다. 근처에 회사 빌딩이 많아 간단한 런치 및 주말 브런치 메뉴도 제공한다. 바코드점의 가장 큰 특징은 빛으로 시작해서 빛으로 끝나는 인테리어이다. 현대적인 건축물들 사이에서 아름다운 조명이 오브제 역할을 하며 공간 전체를 매혹적으로 만든다. 폴 헤닝센 아티초크 램프들이 천장을 가득 메우고 있고, 바닥 조명과 테이블 위에는 아르네 야콥센이 디자인한 AJ램프들로 은은한 빛이 건물 전체에서 부드럽게 흘러나온다.

Dronning Eufemias gate 16, 0191 Oslo

플뤼덴룬점

산탄스하우겐 공원에서 조금만 걸어 내려오면 고전적인 분위기로 가득한 빵집을 만날 수 있다. 높은 천장과 벽에는 화려한 조각이 즐비하고, 앤티크한 분위기를 물씬 풍기는 빈티지 가구들과 소품들은 마치 영화 〈베스트 오퍼〉의 한 장면을 보는 듯하다. 구불구불한 2층의 좁은 계단을 오르면 마치 영화 속 주인공이 된 것 같은 느낌이 든다.

Frydenlundgata 2, 0169 Oslo

283

'시골의 안네',
안네 포 란넷

노르웨이에서는 대부분 북유럽의 전통 디저트를 가정에서 홈베이킹으로 만들어 즐기는 것을 선호하는 경향 때문인지, 제과에 집중한 파티세리는 그다지 많지 않다. 노르웨이에 와서 밀가루와 물, 효모 등 기본 재료만으로 만든 건강한 식사 빵을 즐기게 된 것은 이와 같은 환경의 영향이 컸다. 하지만 가끔은 프랑스식의 달콤하고 섬세한 맛의 케이크와 디저트가 그리울 때가 있다. 초콜릿과 아몬드가 듬뿍 들어간 진한 파운드케이크, 풍부한 바닐라 향의 까눌레, 진한 버터로 겹겹이 쌓인 패스트리와 같은 빵 말이다. 기분이 울적한 날에는 칼로리만 높고 영양가는 없을지언정 자유롭게 허락하고 싶은 디저트들이 생각난다.

"누군가를 안아주는 일에는 냄새가 없다. 누군가를 어루만져 주는 일은 소리가 나지 않는다. 하지만 만에 하나 그런 게 있다면, 따뜻한 브레드 앤 버터 푸딩의 냄새와 소리와 같을 거라고 나는 생각한다."

나이젤 슬레이터, 《토스트》

그런 날이면 나는 안네의 빵집으로 향한다. 이곳에서는 어쩐지 따뜻한 안도감이 느껴지곤 했다. 안네Anne와 벤딕Bendik 부부가 운영하는 이 빵집은 원래 푸드 트럭으로 시작하여 오슬로 동쪽의 작은 해변 베르벤북타Hvervenbukta에 자리했던 빵집이었다. 부부의 정성만큼 안락한 은신처 같은 공간에서, 이들은 맛있는 디저트들로 사람들에게 위로를 건네곤 했다.

그러다가 최근 비겔란 공원에 있던 오래된 카페를 개조해 안네 포 란넷Anne på Landet의 두 번째 지점을 냈다. 시민들은 마침내 이곳 비겔란 공원과 가장 잘 어울리는 장소가 생겼다며 반가워했다. 공원을 산책하다 보면 작은 호수 옆, 커다란 나무들 사이에서 동화같이 하얀 집을 만날 수 있는데, '시골의 안네'라는 이름처럼 마치 어느 프랑스 시골 마을에 있는 베이커리 같은 정겨운 느낌이다. 빵집의 문을 열고 들어서면 달콤한 디저트의 향으로 흩날리는 공기마저 사랑스러운 곳이다. 하나만 고르기가 어려울 정도로 예쁜 프랑스식 디저트와 신선한 채소가 들어간 수프나 샌드위치로 간단한 식사를 즐기기에도 좋다. 나는 레몬커드와 머랭이 두툼하게 올라간 레몬 머랭 파이를 선택했다. 새콤달콤한 케이크 맛에 모난 마음의 귀퉁이도 어느새 성글어진다.

안네 포 란넷 Anne på Landet
www.annepalandet.no

베르벤북타점

Ljansbrukveien 6, 1250 Oslo

비겔란 공원점

Frognerveien 67, 0266 Oslo

노르웨이의 음주 문화

덴마크를 제외한 북유럽 국가에는 특유의 금주 문화가 있다. 대표적인 것이 주류 이용의 물리적 가용성을 제한하는 정책이다. 잘못된 음주로 인해 발생하는 국민의 건강 손실, 알코올로 인한 질병과 사고, 폭력과 같은 문제는 개인의 문제가 아닌 국가적 차원의 문제이기에 정부에서도 방치할 수 없다는 입장이다. 노르웨이는 공중 보건 정책의 일환으로 1922년부터 국내의 모든 주류 소매 업체를 국가가 독점 통합하여 전매를 하고 있다. 주류의 판매 장소 및 시간을 제한하고, 일반적인 슈퍼마켓과 편의점에서는 맥주만 구매가 가능하며 평일에는 20시, 토요일에는 18시 이후에는 술을 판매하지 않는다. 와인과 알코올 도수 4.75도 이상의 술은 국가 운영 주류 판매처인 빈모노폴레Vinmonopolet에서만 구매가 가능하다. 평일은 18시, 토요일은 15시까지만 운영한다. 즉 이 나라에서는 언제 어디서든 손쉽게 술을 구입하기가 어려운 시스템이다. 특히 노르웨이는 북유럽 국가 중에서 유럽연합EU에 가입을 하지 않은 나라이기 때문에, 주세와 관련된 정책을 독자적으로 더 견고하게 유지할 수 있었다.

주류 판매업에 부과되는 높은 면허세와 주변 유럽 국가보다 높은 주세로 인해 노르웨이 사람들은 자연스럽게 술집보다는 집에서 음주를 즐기게 되었고, 회식 문화도 좀처럼 찾아보기 힘들다. 비슷한 행사로는 연말에 주관하는 회사의 파티 정도를 꼽을 수 있는데, 이조차도 몇 주 전부터 직원들에게 미리 고지한 후 신중하게 진행된다.

하지만 노르웨이에서는 정부가 술 수입 및 판매를 독점하는 대신, 주류 유통 과정이 투명하게 관리되고 있다. 전국에 300개가 넘는 지점이 있는 빈모노폴레는 다양한 생산지에서 온 많은 종류의 와인을 보유하고 있고, 내추럴 와인이 대중화되면서 유명 브랜드뿐 아니라 소규모 생산자들의 와인들도 다양하게 갖추고 있다. 각 지점마다 보유하고 있는 와인의 셀렉션이 다르기 때문에 독특한 와인들을 만나고 싶다면 오슬로 아케르브뤼게점Bryggegata 9, 0250 Oslo과 베르겐Valkendorfsgaten 6, 5012 Bergen지점을 추천한다. 빈모노폴레 공식사이트에서는 전국 지점에 있는 필요한 와인을 주문 후 가까운 지점에서 픽업할 수 있는 시스템까지 잘 갖춰져 있으니 엄격하지만 친절한 이곳의 주류 문화에 어렵지 않게 적응할 수 있다.

　도시의 바들은 '카페 앤 와인 바Café and Wine Bar'라는 콘셉트로 커피와 와인을 함께 취급하는 경우가 많다. 아침과 낮 시간대에는 커피를 제공하고, 늦은 오후와 저녁에는 와인을 마실 수 있도록 메뉴를 갖추고 있다.

와인 한 잔의 미학, 테리토리엣

음식이든 와인이든 다양하게 시도할수록 경험치가 훨씬 넓어지고 나만의 취향을 찾기에도 수월하지만, 병 단위로 구매하는 와인은 한 잔씩 가볍게 마시는 맥주와는 다르게 부담이 될 때가 많았다. 특히 깊은 풍미를 음미할 수 있는 좋은 와인을 글라스로 다양하게 만나기는 더욱 어려웠다. 하지만 테리토리엣Territoriet에 가면 독특하게도 와인병이 놓인 테이블을 찾아보기 어렵다. 그뤼네르로카 초입에 위치한 이곳은 자유스러운 공기 속에서 와인에 대한 학구열과 열정을 뿜어내는 와인 애호가들로 늘 화기애애한 분위기이다. 테라토리엣의 숙련된 소믈리에는 메뉴판을 건네기 전에 손님의 와인 취향을 먼저 묻는다. 이곳은 노련하면서도 세련된 서비스와 함께 400여 종의 와인 중 대부분을 글라스 와인으로 제공하고, 와인을 오스트리아의 와인 잔 브랜드 잘토Zalto 잔에 제공하는 등 섬세한 배려가 돋보이는 곳이다.

와인을 병이 아닌 글라스로 판매하는 경우 고객 서비스를 비롯해 와인의 관리 및 보관이 훨씬 번거로워지는데 '코라뱅Coravin' 방식을 활용하는 것이 이곳만의 운영 비법이다.

와인과 즐길 수 있는 간단한 메뉴들이 있는데, 그중 치즈 플래터를 추천한다.

코라뱅은 코르크 마개를 제거하지 않고, 주삿바늘같이 속이 빈 가는 바늘을 이용해 코르크에 구멍을 뚫은 뒤, 아르곤 가스를 주입하는 것이다. 그 압력으로 인해 병 속의 와인이 바늘을 통해 다시 역류하는 방식으로, 병에 남은 와인도 산화되지 않고 완벽한 진공 상태로 만들어준다. 그래서 글라스 와인이지만 마치 갓 내린 커피를 마시듯 좋은 와인들을 신선한 상태로 즐길 수 있는 것이다. 이곳만의 독특한 분위기는 한쪽에 근사하게 자리한 레코드에서도 드러난다. 좋은 멜로디가 계속해서 흘러나오는 이곳의 음악은, 와인 한 모금과 함께 삶의 속도를 조금 늦추어보라고 부드럽게 속삭이는 듯하다. 가벼운 마음으로 호사를 누리기 좋은 곳이다.

테리토리엣 Territoriet
www.territoriet.no
Markveien 58, 0550 Oslo

지속 가능한 칵테일, 힘콕

노르웨이의 풍미을 기반으로 독특한 칵테일을 만드는 힘콕Himkok은 계절에 따라 메뉴가 바뀌는 곳이다. 클라우드베리, 링곤베리와 같은 각종 야생 베리들, 산자나무와 자작나무, 심지어 해초와 브라운치즈brunost라고 알려진 노르웨이 전통 치즈까지, 이곳에서는 전통과 지역 농산물에 뿌리를 둔 지속 가능한 재료들을 이용해 새로운 맛의 칵테일을 연구하고 개발한다. 힘콕은 2016년부터 월드 베스트 바 50World's 50 Best Bars 어워드 목록에 올라 2019년에는 17위를 차지하기도 했다. 또한 2018년도에는 지속 가능한 바 어워드 Sustainable Bar Award를 수상했다. 이곳의 기발한 아이디어와 기술은 새로운 칵테일 문화를 만들며 노르웨이의 식문화에 선명한 색을 만들어내고 있다.

힘콕의 입구는 아무런 간판도 없기 때문에 찾기가 쉽지 않다. 청록색 벽에 27번 숫자가 적힌 문 앞에서 잠시 망설이다가 비밀스러운 문을 열었다. 칵테일 라운지에서 가장 먼저 눈에 띄는 것은 유리 벽 뒤에 있는 거대한 증류 기계이다. 이곳은 마이크로 증류소를 가지고 있어 노르웨이 전통 술 아쿠아빗Aquavit과 진, 보드카를 자체 생산한다. 선반에는 절인 과일과 채소 병이 줄지어 있고, 공간 끝에 보이는 수경 터빈에서는 칵테일에 사용될 허브를 재배한다. 메뉴에는 일러스트로 노르웨이 지역의 다양한 특산물을 친근하게 표현하면서, 베이스인 술과 부재료에 대한 설명까지 세심하게 수록했다. '한 잔의 예술'이라고 불리는 칵테일에 대한 이해와 힘콕이라는 브랜드의 품격을 높이는 디테일이다.

힘콕이 있는 건물은 1800년대 후반 약국에 필요한 기기들을 모아두던 창고로 쓰인 자리였다고 한다. 사실 칵테일이라는 명칭의 유래 역시 1795년경 미국의 한 약사가 달걀 노른자를 넣고 조합해 만든 음료에 프랑스어로 '코크티에coquetier'라 부른 데에서 유래했다는 설이 유력하다. 모든 요소가 재치 있고 균형 있게 어우러지는 이곳에서 흰 가운을 입은 힘콕의 바텐더가 만들어주는 노르웨이의 맛이 담긴 칵테일을 즐겨보길 권한다. 주말 저녁에는 항상 많은 손님들로 북적이므로, 바텐더와 적극적인 소통을 원한다면 이른 시간과 바 자리를 공략해보자.

힘콕 **Himkok**

www.himkok.no

Storgata 27, 0184 Oslo

NORWEGIAN LIFE

노르웨이 라이프스타일

HYTTE LIFE
NORWEGIAN WEDDING
CHRISTMAS
KOSELIG

노르웨이 라이프스타일

찬란한 백야의 여름이 끝나면 노르웨이에서는 가을이 찰나처럼 스쳐 지나가고 겨울이 불쑥 시작된다. 겨울의 해는 오후 4시가 되기 전에 사라지는데, 그마저도 일조량의 존재를 깨닫지 못할 정도로 짧다. 노르웨이의 겨울에 대해 "어스름한 어둠으로 시작하여 칠흑처럼 짙은 어둠으로 끝나는 하루들"이라고 불평하자, 노르웨이인들은 수줍게 답했다. "나쁜 계절은 없어. 부적절한 옷차림만 있을 뿐이지." 나는 차마 반박하지 못했다. 기능성과 실용적인 차림과는 거리가 먼 옷차림을 하고 매일 부족한 비타민D를 보충해가며 무기력하게 스산한 겨울을 견뎌내는 나와는 달리, 그들은 겨울을 삶의 일부로 여기며 흡족한 표정으로 기꺼이 즐거움을 누리기 때문이다.

몇 번의 겨울을 더 보내며 나는 마침내 날씨에 맞지 않은 옷과 신발들을 던져 버렸고, 겨울철 우울증에서도 해방되었다. 그리고 노르웨이인들의 '코셀릭koselig'에 조금씩 걸음을 내디뎠다. 긴 겨울은 노르웨이인들에게 코셀릭의 완벽한 조건이 된다. '안온함'을 뜻하는 코셀릭은 포괄적인 의미를 띠고 있어 한두 단어로 정의하기에는 어렵지만, 그 자체로 노르웨이인들의 생활 방식이 담긴 단어이기도 하다. 이 장에서는 노르웨이식 행복한 라이프스타일의 비밀이라고도 할 수 있는 코셀릭에 관한 이야기를 해보려 한다.

최근 노르웨이에서 출간된 라르스 뮈팅의 책, 《노르웨이의 나무》는 1년이 넘도록 베스트셀러 자리를 지켰다. 책의 내용은 소박하게도 장작을 패고 쌓고 말리는 법에 관한 것이다. 이 책에서 저자는 장작 패기야말로 낭만적 민족주의의 현대적이고 현실적인 형태일 뿐 아니라 노르웨이 문화의 정수라고 말한다.

현대 도시 생활에서 직접 나무를 베서 장작을 마련하기는 어렵지만, 노르웨이 사람들은 겨울철 눈 덮인 숲속의 별장에서 도끼를 휘둘러 나무를 쪼개는 일을 즐긴다. 꼿꼿하고 튼튼한 장작더미를 만들고, 마른 잔가지와 자작나무 껍질을 모아 사그락 난로에 불을 붙인 뒤 '타닥-타 탁' 장작 터지는 소리와 함께 퍼지는 온기의 낭만을 누리는 것이 노르웨이 코셀릭의 대표적인 방식이다. 물론 이를 위한 과정이 녹록치만은 않다. 육체적 노동은 고된 수고와 번거로움을 수반하지만 노르웨이인들은 자발적인 불편함과 느림을 즐길 줄 아는 사람들이다. 오늘날처럼 속도감 있게 빠르게 돌아가는 세상에서 빼기는 더하기만큼 중요하다는 것을 나는 이들의 휘테 라이프를 통해 배웠다.

노르웨이는 넓은 땅에 적은 인구가 살다 보니, 대부분의 사람들이 도시 외곽에 '휘테Hytte'라 불리는 소박한 별장을 소유하고 있다. 휘테는 주말마다 시간을 보내는 '제2의 집'과도 같은 곳인데, 부모나 조부모 세대부터 물려 내려오는 경우가 많다. 겨울 별장은 스키를 즐기기 위해 고도가 높은 곳에 위치하거나 스키 슬로프와 연결되는 곳들을 선호하고, 여름 별장은 4주 연속 이어지는 긴 여름휴가를 위해 호수와 바닷길을 따라 자리한다. 또한 노르웨이인(인구 542만 명)들이 소유한 요트가 약 60만 척에 이를 정도로, 개인용 선박을 보유하고 있는 사람들도 많다. 별장과 요트, 어딘가 호사스러워 보이지만 사실 노르웨이 사람들은 유럽에서도 촌스럽다는 이미지를 지닐 만큼 패션과 같은 유행에는 도통 무관심하다. 전체적인 국민 성향이 과시욕이 없이 수수하고 검소한 탓에 '노르웨이인은 석유로 번 돈을 쓰고 싶은 유혹을 대체 어떻게 뿌리쳤을까?'라는 질문이 화두가 될 정도이니 말이다.

　　노르웨이 정부가 원유로 얻은 수익을 국부펀드로 적립해 미래 세대를 위한 후생 연금과 정부 지출에 대비하는 것처럼, 국민들 또한 내실 있는 소비를 중요시하고 은퇴 후 가족들이 함께 즐길 수 있는 별장이나 여가 활동에 할애하는 시간과 비용이 크다. 가짜 욕구와 자신이 누릴 수 있는 소비를 구분할 수 있게 만드는 문화, 이곳 사람들은 스스로 돈의 주인이 되어 삶의 원칙에 맞는 가치 있는 소비를 한다.

손닿는 곳에 탈출구를 만들어 둔 휘테 라이프 덕분에 노르웨이에서는 휴일마다 떠나기 좋은 핑곗거리가 생긴다. 이곳에 오면 반드시 해야만 하는 일이란 없다. 별장에서 눈을 뜨자마자 우리는 잠이 덜 깬 부스스한 얼굴로 스키를 들고 채비를 나섰다. 봉우리의 윤곽이 선명하게 보일 정도로 영하의 구름 한점 없는 쾌청한 날이었다. 크로스컨트리 스키는 폭이 좁고 길이가 길어 슬로프에 국한되지 않고 눈만 있으면 편리하게 즐길 수 있다. 빠른 속도로 활강하는 알파인 스키와는 달리, 크로스컨트리 스키 부츠는 앞축만 바인딩에 고정되어 있고, 뒤축은 스키와 자유롭게 분리되는 형태라서 평지나 오르막 위를 달리는 마라톤처럼 인내가 필요한 운동이다. 하지만 고요한 숲길을 미끄러지듯 유연하게 달리며 아무도 가지 않은 산길을 누비는 해방감과 그 즐거움은 무엇에 비할 바가 아니다.

스키를 타며 산이 에워싼 풍요한 풍경을 그대로 흡수하는 동안, 찬 공기에도 비 오듯 흐르는 땀을 훑어낸다. 노르웨이의 겨울은 이렇게 차가움과 따뜻함이 함께 공존한다. 낮보다 밤이 긴 겨울은 사실 추위보다 일조량이 적은 어둠이 더 견디기 힘들다. 겨울을 움츠러든 채 지내다 보면 쉽게 무기력해지고 우울해지기 때문에, 이곳 사람들은 긴 겨울 동안 자기 자신을 건강하게 지키는 방법을 터득하기 시작한 것이다. 눈 덮인 도심에서 스키를 타고 출근하는 사람들, 휴일에도 버스나 지하철에서 스키를 들고 타는 사람들을 볼 때면 그들이 풍기는 명랑함에 절로 기분이 좋아진다. '아이가 첫발을 떼면 노르웨이 부모는 아이 발에 스키를 신긴다'는 말이 있을 정도로, 노르웨이 부모들은 어린 자녀들을 데리고 집 근처 공원이나 언덕에서도 스키를 탄다.

"강한 바람이 잎이 떨어진 나무 사이를 지나가듯 우리 몸을 훑고 지나가면 우리는 겨울을 맞을 준비를 마치게 될 것이다. 이렇게 사시사철 우리를 지탱해줄 순수하고 변함없는 겨울의 미덕을 빌리고 싶다. (중략) 겨울이면 우리는 좀 더 내적인 삶을 살아간다. 우리의 마음은 마치 휘날리는 눈보라 아래 있는 오두막처럼 따뜻하고 유쾌하다. 오두막의 문과 창문은 반쯤 닫혀 있지만 굴뚝에서는 연기가 기운차게 올라간다. 눈보라 때문에 집 안에 갇혀 지내지만, 그렇기에 집 안이 더 안락하게 느껴지고, 가장 추운 날에는 난롯가에 앉아 굴뚝 꼭대기를 통해 하늘을 보는 데 만족한다. 굴뚝 근처의 따뜻한 구석에서 고요하고 평화로운 시간을 즐긴다."

헨리 데이비드 소로, 《겨울 산책》

차가운 계절이 오면 삶의 속도를 조금 줄이면서, 노르웨이인들은 긴 겨울의 통로로 성큼성큼 들어간다. 소로는 또 이렇게 말했다. 조물주는 특정한 시대를 편애하지 않는다고. 하늘에서는 끊임없이 빛이 쏟아져 내리지만, 그 빛을 보는 사람의 눈이 돌로 변할 뿐이라고.

친한 친구의 청첩장을 받았다. 청첩장의 표지에는 한겨울 눈 덮인 가파른 산 정상에서 스키를 타다가 청혼을 하는 장면을 담은 사진을 실었다. 스키를 겨우내 날씨와 상관없이 즐기고, 주말이면 도시를 떠나 호수의 기슭이나 산을 따라 여가 생활을 즐기던 유쾌한 그들답게 결혼식을 위한 장소도 노르웨이 남부 국립공원 산 중턱의 작은 오두막을 빌렸다. 오슬로에서 자동차로 5시간이 걸리고, 차가 들어갈 수 없어 다시 또 배를 타고 들어가야 닿을 수 있는 깊숙한 곳이었지만 그 누구도 먼 거리에 대한 불평은 하지 않았다. 결혼식에 초대된 사람들은 마치 여행처럼 과정을 즐기며 축복을 위한 여정의 시작에 한껏 들떠 있었다. 노르웨이 결혼식에는 나를 가장 잘 알고, 삶의 중요한 순간을 함께 나누고 싶은 소수의 사람들만 초대하기 때문에, 한국이었다면 하객들에게 혹여나 누가 되지 않을까 부담스러워하며 고심해야 할 문제들이 오히려 즐거운 과정이 된다. 그 덕분에 온전하게 축복하고 축복받는 '우리가 주인공'이 되는 근사한 결혼식을 즐길 수 있다.

산과 자작나무로 겹겹이 둘러싸인 소박한 산장은 동화 속의 집처럼 안온했다. 나는 짐을 풀고 우선 따뜻한 물에 샤워를 했다. 주변 산책을 하러 밖으로 나가보니 서늘한 호숫가에 앉아 책을 읽는 사람이 있는가 하면 함께 모여 등산을 가거나 투명한 호수에 폴짝 뛰어드는 사람도 있다. 물속 깊숙한 곳까지 들여다보이는 깨끗한 물에 손을 대보니 아직은 너무 차다.

하객들은 각자의 평온한 순간을 만끽하며 저마다 시간과 여유를 즐기느라 여념이 없다. 첫날의 휴식 시간을 보내며, 어느새 모르는 사람들끼리의 낯섦과 어색함도 천천히 사라지고 나이와 상관없이 자연스럽게 친구가 된다.

결혼식 당일에는 이른 아침부터 모두가 분주하게 결혼식을 위한 준비를 시작한다. 산에 가득 핀 이름 모를 들꽃들은 웨딩 꽃장식과 신부의 훌륭한 부케가 되었다. 노르웨이 사람들은 어린 시절부터 숲속 생활을 경험한 탓인지 자연의 소재에 대한 기본적인 심미적 감각과 연출이 일상생활에 녹아 있다. 어떤 이들은 둥글고 잘생긴 조약돌을 주워와 테이블 위에 올리고 하객들의 이름을 새겼다. 누구의 눈에도 띄지 않던 평범한 조약돌이 이렇게 또 다른 특별한 의미가 되었다.

고요한 봄날, 잎사귀에 쏟아지는 햇빛을 받으며 특별한 웨딩이 시작되었다. 신부는 하얀 웨딩드레스 자락 사이로 투박한 등산화를 신은 채, 손에는 정성스레 만든 들꽃 부케를 쥐고 당차고도 기품 있는 모습으로 나타났다. '나다움'이 만들어내는 아름다움, 세상에서 제일 아름다운 신부라는 경의가 조금도 아깝지 않다. 이어지는 친구들과 가족의 결혼 축사, 그리고 모두가 함께 즐기는 피로연 파티가 늦은 시간까지 이어졌다. 마치 영화 속 한 장면처럼 무수한 별이 쏟아지던 밤, 나는 이 자리에 함께할 수 있음에 감사했다.

통상적으로 요구되는 형식을 갖추지 못하면 제대로 된 결혼으로 인정받지 못하는 한국의 혼인 문화에 염증을 느끼고 있던 나는 2박 3일의 긴 일정으로 이루어진, 소박하면서도 이 근사한 결혼식에 금세 사로잡혔다. 이곳에서는 행복한 결혼식의 기준이 달랐다. 하객들은 결혼식의 규모에 따라 호스트의 사회적 지위를 가늠하지 않고, 유명 디자이너의 드레스, 화려한 꽃장식, 예단과 예물 같은 겉치레나 체면을 중시하는 관행도 없다. 결혼의 형식적 조건에 대해 모두가 덜 중요하게 생각하기에, 자유롭고 편안하게 자신만의 결혼식을 진행할 수 있다. 노르웨이식 웨딩은 결혼이라는 인생 2막의 시작점에서 타인과의 비교에서 벗어나 독립된 인격체가 되는 일만큼 멋진 순간은 없을 것 같다는 마음을 심어준 귀한 시간이었다.

등산화를 신은 신부와 부케를 만드는 신랑

　　내가 자주 산책을 즐기는 송스반Sognsvann 호수는 오슬로 북쪽에 위치해 있
다. 호수를 빙 둘러싸고 약 4km를 걸을 수 있는 산책로가 조성되어 있고, 주변
을 감싸는 고요한 숲 사이에서 겨울의 호수가 기품 있는 빛을 낸다. 여름에는
수영과 백야를 즐기려는 사람들로 항상 들썩이는 곳이지만, 나는 낮은 조도를
유지하는 겨울의 호수가 좋았다. 여름에는 푸르고 짙은 모습으로, 겨울은 수묵
화처럼 말간 느낌으로 계절에 따라 오묘한 신비로움을 내뿜으며 호수는 언제
나 사람들을 맞이한다. 오후 4시부터 걷기 시작하면 금세 분홍빛 석양과 아름
다운 달빛이 드러나는 곳이라, 달이 만들어주는 길을 따라 기쁜 마음으로 운치
있는 밤 산책을 즐기기에도 좋다.

겨울 호수에는 크고 작은 행사들도 자주 열린다. 여느 때처럼 산책을 나서
는데, 숲 입구부터 불빛이 길게 드리워져 있다. 입구에서 진저 쿠키를 나누어
주는 사람들이 오늘은 산타 축제가 있는 날이라고 한다. 횃불을 따라 산타를
찾아가는 산책이었다. 사람들은 걷거나, 혹은 가져온 스키를 이용해 1km 남짓
한 길을 걸었다. 길의 중간마다 놓여있는 모닥불 위에서 사람들은 각자 챙겨온
그릴 음식과 음료를 나누어 먹는다. 그 길의 끝에 산타가 있었다. 천진한 미소
를 지닌 아이들은 고사리 같은 손에 소원을 적은 쪽지를 쥐고 산타에게 수줍
게 건넨다. 분명 아이들을 위한 이벤트인데, 어쩐지 어른들이 더 행복해졌다.
나도 소원을 슬쩍 산타에게 건네 본다. 그리고 나지막이 속삭였다. God jul(구
율) 메리 크리스마스!

11월 즈음부터 노르웨이에서는 크리스마스 준비가 한창이다. 거리의 화려한 장식과 흥겹게 울려 퍼지는 캐럴, 반짝이는 회전목마와 대관람차가 쉴 새 없이 움직인다. 크리스마스 마켓은 소박하지만 전통적인 먹거리들이 가득하고, 모닥불을 피워놓고 끓이는 글뢰그Gløgg(북유럽식 뱅쇼)를 구경하는 것만으로도 즐겁다. 북유럽의 크리스마스 전통은 소중한 사람들을 생각하며 선물을 준비하고, 이브 날 밤에 온 가족이 함께 모여 트리 밑에 쌓인 선물들을 뜯어보며 크리스마스 축하를 한다. 언제부터인지 크리스마스는 더 이상 설레지 않는다고 생각한 적이 있었다. 하지만 이곳에서 누군가가 소중한 존재가 되고, 나 또한 귀한 존재가 되는 기억들 덕분에 잊고 있던 순수한 기쁨을 되찾게 되었다. 이제 겨울만 되면 괜스레 마음이 두근댄다. 이런 아름다운 것들을 오래 들여다보며 마음의 자리를 내어주며 살고 싶다.

"여전히 눈은 내리고, 도시는 환하고 빛난다. 나는 이 도시를 옷가지처럼 걸칠 것이다. 뭇 지명과 보물, 수백 년 묵은 중얼거림과 함께, 내가 보고 아는 것과 결코 알지 못할 것들과 함께, 은밀하고 공개된 기억들과 함께. 사람들은 곧잘 잊어버리곤 하지만 도시는 그칠 줄 모르고 이야기한다. 이런 도시는 짐작건대 벌써 천 년도 넘게 그래왔다."

세스 노터봄, 《유목민 호텔》

"요즘 힙스터들이 자주 가는 곳은 어디야? 노르웨이 친구에게 건넨 질문에 그가 피식 웃음을 지으며 답한다. "여긴 힙스터가 아닌 사람들을 찾아내는 게 더 힘들 것 같아." 힙스터의 정의는 트렌드에 대해 중요하게 여기지 않는 대신 자신이 좋아하는 것을 찾아 생활하는 이들을 말하는데, 사실 모두 정도의 차이가 있을 뿐이지 노르웨이에서는 모두가 힙스터의 기질을 가지고 있다. 즉 개개인의 다양한 개성과 가치가 공존하며 모두가 자기 자신에게 가장 어울리는 삶을 사는 것이다. 스스로를 특별하다고 여기지 않는 이들의 문화는 다른 사람의 삶에 큰 관심이 없는 개인적인 성향에도 기인하지만, 새로운 문화를 소수만 향유한다고 생각하지 않고 어떤 형태의 차이든 평등하게 받아들이는 사고방식의 영향도 있다. 노르웨이 작가 악셀 산데모제가 1933년에 발표한 소설 《도망자, 자신의 자취를 가로지르다》에는 '얀테'라고 불리는 가상 마을이 등장한다. 이 마을에서 살려면 지켜야 할 '얀테의 법칙'은 겸손과 배려, 평등의 정신을 강조하는 10가지 행동지침을 적은 것이다.

"당신이 특별하다고 생각하지 마라.

남들보다 더 나은 위치에 있다고 생각하지도 마라."

얀테의 법칙은 '보통 사람의 법칙'이라고도 불리는데, 이는 북유럽 사람들의 오래된 생활 규범을 반영한다. 노르웨이에서는 누구도 특별하지 않고 누구나 소중한 보통의 삶을 산다. 주류와 비주류의 문화를 구분하는 것조차 이분법적이라는 이들의 생각은 권리와 평등이라는 관점에서 보면 이해가 간다. 모든 사회 구성원이 누리는 평등을 지향하며 사회적 계급에 예속되지 않는 정신은 바이킹 시대부터 현재까지 노르웨이 민주주의의 근간을 이룬다. 노르웨이 왕실에서조차 국왕이 경호원도 없이 혼자 오슬로 시내를 돌아다니고, 자전거, 스키, 대중교통을 타고 출근하기도 한다. 직위나 직함에 따라 누리는 특권이나 권위주의는 찾아보기 힘든 이곳에서 "내가 누군지 알아?"의 완장은 통할 수가 없다. 이런 문화와 철학은 기업 및 육아 정책에서도 적용된다. 가정과 일 모두에서 평등한 근로 환경을 조성하자. 개인의 일과 가정의 양립이 가능해졌다. 1993년 세계 최초로 노르웨이에서 처음 도입한 '육아 휴직 아빠 할당제'는 아이를 낳으면 부모가 함께 육아 휴직을 나눠 쓸 수 있도록 설계되었다. 노르웨이에서는 자녀 한 명당 약 49주의 유급 육아 휴직 기간을 부모가 나눠서 사용할 수 있는데, 이 중 19주를 남성이 의무적으로 사용해야 한다. 남성이 육아 휴직을 사용하지 않을 시 그 권리가 소멸되는 방식으로 여성이 그 기간을 대체하거나 돈으로 대체할 수 없다. 또한 육아 휴직 중에는 정부에서 49주간의 소득과 임금을 100퍼센트 보전해주기 때문에, 휴직을 사용하지 않으면 손해라는 인식이 강하다. 출산 휴가 기간이 더 필요한 부모들을 위해 '59주 휴가'라는 대안도 마련되어 있다. 이 기간을 요청한 부모들은 통상 임금의 80퍼센트를 지급받는다. 부부간 양도할 수 없는 육아 휴직 제도는 초기에는 저조했던 남성의 육아 휴직 참여를 현재 90퍼센트 이상 끌어올렸다. 퇴근 시간과 아이들의 방과 후 시간을 맞추고, 저녁 식사를 만들거나 자녀들의 숙제를 도와주는 일은 '어머니의 역할'이 아닌 당연히 부부 모두의 일이다. 노르웨이의 길 곳곳에서는 남성들이 평일에 유모차를 끌고 혼자서 공원을 산책하거나, 카페에 앉아 커피를 마시며 아이에게 이유식을 먹이는 모습을 자연스럽게 만날 수 있다. 부모가 가정과 직장에서 자연스럽게 육아 책임을 공유하고, 이는 국가 전체의 성 평등 문화를 촉진하는 역할을 한다.

부모의 첫 출산 휴가가 끝나면 아이는 만 한 살부터 공공 탁아 서비스를 받을 수 있다. 어린이집은 양질의 서비스를 보장하도록 강한 규제를 받고, 초등학교 입학 전까지 유치원에서 글자와 숫자를 배우는 선행 학습은 하지 않기 때문에 굳이 사립 어린이집을 찾아다닐 필요가 없다. 이곳에서는 철저히 놀이에 기초한 학습을 강조하며 야외 놀이 수업을 적극 권장하고, 지식보다는 사회적 책임에 대해 아이들이 배울 수 있도록 한다.

아이가 만 7세가 되어 초등학교에 입학하면 대학 교육까지 모든 학비는 무료이다. 박사 과정도 무상 교육이며, 외국으로 유학을 갈 경우에는 국가 장학금과 장기상환용자로 유학 비용까지 마련해주는 제도가 있다. 가난이나 직업으로 인해 교육 불평등을 받을 위기가 없기 때문에, 자녀를 양육하고 부모를 봉양하느라 자신의 노후를 경제적으로 대비하지 못할 일도 없게 된다.

이처럼 노르웨이에서는 아이가 태어나면 보육과 교육을 국가가 함께 책임진다. 엄마와 아빠, 그리고 국가가 함께 키우는 사회적 공동육아는 어느 누군가의 희생과 헌신이 만드는 육아의 부작용을 줄인다. 육아의 절대적 의존 대상이 사라지고, 가족 모두 온전한 '나'로 존재하며 개인의 삶을 지킬 수 있다.

노르웨이의 법정 근로 시간은 주 37.5시간으로 직장인들의 평균 출근 시간은 오전 8시에서 9시 사이지만, 핵심 근무 시간 전후의 출퇴근 시간은 크게 따지지 않는다. 주로 사람들이 퇴근을 하는 시간인 오후 4시에서 5시 사이가 퇴근길 러시아워 시간이다. 무엇보다 탄력 근무 형태의 기업 문화가 적극적으로 도입되어 개인의 상황과 체력에 따라 근무 시간을 자유롭게 조절할 수 있다. 따라서 여성이 육아와 일을 병행하기 힘들다는 이유로 직장을 그만두는 경우는 거의 없다. 누구든지 일과 가정에서 자신의 역할을 조화롭게 수행할 수 있도록 보장하는 노르웨이의 근로 환경은, 개개인의 의식과 가치관이 반영된 두터운 사회적 신뢰를 바탕으로 한다.

노르웨이는 경제협력개발기구OECD에서 선정한 '삶의 질 지수'에서 1위, 여성들의 노동 환경을 평가한 '유리 천장 지수'에서 2위를 차지하고, 여성과 아동이 살기 가장 좋은 나라 1위로 선정되기도 했다. 주관적이고 추상적인 면이 강한 행복의 개념을 정확히 측정할 수는 없겠지만, 흥미로운 점은 노르웨이인들은 '해외로 나가기엔 노르웨이가 너무 좋다'는 말을 종종 한다는 것이다. '세계 인재 보고서'에 의하면 세계 60개국 중 우수한 인력이 외국으로 빠져나

가는 두뇌 유출 현상이 가장 적은 국가 역시 노르웨이가 1위였다. 누구든지 '보통 사람'이 되어 '보통의 삶'을 누릴 수 있도록 사회 구성원 모두가 함께 노력하는 이곳에서, 노르웨이인들의 삶의 만족도가 높은 것은 결코 우연이 아니었다.

TIMES OF NORWAY

노르웨이의 시간

1판 1쇄 발행	2020년 8월 11일
1판 3쇄 발행	2021년 9월 10일

지은이	신하늘
펴낸이	김기옥

실용본부장	박재성
편집 실용2팀	이나리
영업 · 마케팅	김선주
커뮤니케이션 플래너	서지운
지원	고광현, 김형식, 임민진

디자인	스튜디오 고민
인쇄 · 제본	민언 프린텍
펴낸곳	컴인

주소 121-839 서울시 마포구 서교동 양화로 11길 13(서교동, 강원빌딩 5층)
전화 02-707-0337 팩스 02-707-0198 홈페이지 www.hansmedia.com

컴인은 한스미디어의 라이프스타일 브랜드입니다.
출판신고번호 제2017-000003호 신고일자 2017년 1월 2일

ISBN	979-11-89510-17-6 03920